ARQUEOLOGÍA

ARQUEOLOGÍA

Trevor Barnes

Prólogo de
Tony Robinson

EDILUPA

Primera Edición: 2007
ISBN 978-84-96609-92-1

Maquetación: TXT Servicios editoriales

D.R. © Kingfisher Publications Plc
New Penderel House
283-288 High Holborn
Londres, WC1V 7HZ

NOTA A LOS LECTORES

Las direcciones de Internet mencionadas en este libro eran válidas en el momento de la edición. Pero debido a las constantes modificaciones en Internet, esas direcciones y su contenido pueden haber cambiado. Además, las páginas pueden contener vínculos inadecuados para los niños. La editorial no se hace responsable de cambios de dirección o de contenido ni de información obtenida en otras páginas. Así, aconseja enfáticamente a los adultos supervisar las búsquedas en Internet de los niños.

VE MÁS ALLÁ...

 Páginas Web y libros

 Carreras relacionadas

 Lugares para visitar

Contenidos

Prólogo

La arqueología, en esencia, es muy simple. Es el medio por el que podemos retroceder en el tiempo para descubrir cómo vivía la gente hace cientos, incluso miles de años. ¿Cómo hacemos eso? Realizando un trabajo detectivesco. Los arqueólogos son como los policías en la escena del crimen. Reúnen lenta y cuidadosamente todas las pequeñas pruebas que encuentran en un lugar para saber qué pasó en el oscuro y distante pasado.

Podría parecer que ese trabajo es maravilloso, pero lo cierto es que tales pruebas no suelen ser valiosas ni bonitas. Son restos. Lo que la gente ha perdido, desechado o enterrado a lo largo de la historia. No te dejes engañar por Lara Croft o Indiana Jones, los arqueólogos no son cazadores de tesoros que destruyen templos o hacen volar pirámides para apoderarse de un cofre con incrustaciones de joyas. La arqueología consiste, sobre todo, en examinar trozos de vasijas, semillas carbonizadas o pedazos de madera para conocer cómo vivió la gente común en tiempos remotos.

Incluso una diminuta pizca de polvo puede ser importante. Hace 80 años, antes de invitar a la prensa a fotografiar sus hallazgos, el arqueólogo inglés Howard Carter barrió la tumba del faraón egipcio Tutankamón que había descubierto. Hoy los arqueólogos darían cualquier cosa por poner sus manos en ese polvo. Todos los insectos muertos, cabellos y fragmentos de materiales que desechó nos habrían mostrado mucho más sobre el antiguo Egipto que un centenar de carruajes de oro.

En tiempos de Carter, la arqueología se reducía a excavar. Pero ahora tres semanas en un sitio arqueológico generan tres meses de actividad en el laboratorio. Algunos especialistas pueden datar una pieza de madera por la forma de los anillos del árbol, y otros, a partir del estudio de conchas de caracoles muertos hace mucho tiempo, pueden decir si un sitio fue boscoso, pantanoso o arbolado. Hay personas que pueden deducir con toda exactitud de dónde procede una pieza de cerámica tras inspeccionar las diminutas partículas de piedra que hay en ella, y otras pueden determinar el sexo y la edad de un esqueleto y las enfermedades que su dueño padeció.

Las excavaciones son parte importante de la arqueología. En el siglo XXI elegimos con mayor cuidado el lugar en el que excavamos: la arqueología debe tener en cuenta el medio ambiente. Hay personas que estropean tumbas antiguas o desentierran monedas de yacimientos arqueológicos para quedarse con ellas. La mayoría no se da cuenta de que está destruyendo algo irremplazable, pero los arqueólogos sí. Por eso sólo excavan una parte de un yacimiento, y dejan el resto para futuras generaciones. Catalogan todo lo que encuentran y el lugar en que lo hicieron, y se aseguran de que todas las cosas sean debidamente etiquetadas y enviadas a un museo.

Los arqueólogos viajan en el tiempo y son detectives y amigos del medio ambiente. Sumérgete en este libro y únete a la exploración de algunos de lo yacimientos arqueológicos más impresionantes del mundo.

Tony Robinson

Tony Robinson es presidente del Club de Jóvenes Arqueólogos y presentador del programa *Time Team* del Canal 4.

CAPÍTULO 1

Machu Picchu, antigua ciudad inca
de los Andes, redescubierta en 1911.

¿Qué es la arqueología?

La arqueología estudia, en parte, las cosas del pasado, pero su interés es, sobre todo hacia las personas. Su finalidad es la reconstrucción de la vida humana de hace cientos, incluso miles de años, mediante asociaciones entre los hallazgos en un lugar y las personas que los dejaron ahí. A menudo los objetos del pasado son armas, herramientas, juguetes, enseres domésticos y monedas. También pueden ser fragmentos de paredes, graneros o caminos, o grandes estructuras como los templos egipcios, los anfiteatros griegos e incluso ciudades enteras como Machu Picchu, en Perú. Todos ellos tienen en común que han sobrevivido, mientras que las personas que los hicieron murieron hace mucho tiempo. Si esos vestigios hablaran, ¡nos contarían historias maravillosas! La arqueología intenta ser su voz.

Introducción a la arqueología

La arqueología es el estudio directo del pasado. Implica la excavación o inspección de lugares y el cuidadoso estudio y análisis de restos materiales dejados por las personas que alguna vez vivieron o trabajaron allí. Muchos de los hallazgos se exponen en museos, pero la arqueología no consiste solo en la recolección de objetos, lo más importante es el llegar a entender. Encontrar un tesoro en una pirámide de hace 5.000 años es emocionante, pero más emocionante aún es entender por qué alguien puso ese tesoro ahí.

▲ El general Augustus Pitt-Rivers (1827-1900) excavó yacimientos prehistóricos en el sur de Inglaterra y ayudó en el desarrollo de las técnicas modernas.

¿Cuándo comenzó esto?

El hombre siempre se ha interesado por el pasado y ha venerado objetos y lugares que fueron importantes para sus ancestros. El rey Nabucodonosor de Babilonia (véanse pp. 32-33) excavó partes de su ciudad hace más de 2.500 años. Las princesas babilonias guardaban objetos antiguos en sus habitaciones. En los siglos XVI y XVII estuvieron de moda las "vitrinas de curiosidades", en las que la gente rica exhibía objetos interesantes o valiosos. Pero la arqueología como proceso sistemático de comprensión del pasado no comenzó hasta finales del siglo XVIII.

Los inicios de la arqueología moderna

En 1784, el que más tarde sería el tercer presidente de Estados Unidos, Thomas Jefferson (1743-1826), promovió una nueva técnica de excavación. Mientras examinaba montículos sepulcrales indígenas en su país, vio que limitarse a excavar cada vez más profundo solo para ver qué objetos se encontraban era algo incorrecto. Así que, cortó una gran "rebanada" de un montículo y analizó las diversas capas, o estratos, del material. El pensamiento científico se volvió tan importante como lo era la pala.

▼ En esta escena imaginaria, unos arqueólogos excavan las ruinas de un antiguo templo clásico. Como el arqueólogo y aventurero de ficción Indiana Jones, desentierran espléndidos tesoros. Pero la arqueología también consiste en examinar escombros y desperdicios, y los yacimientos sencillos son tan importantes como los más espectaculares para la reconstrucción del pasado.

▲ El estadista y pensador estadounidense Thomas Jefferson es el padre de la arqueología moderna. Fue uno de los primeros en adoptar una visión sistemática y científica de la excavación.

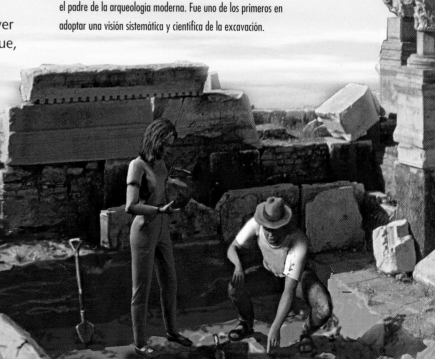

Arqueología y aventura

En el siglo XIX y principios del XX se hicieron grandes excavaciones en Oriente Medio y la arqueología parecía una aventura. Hombres como Heinrich Schliemann (véase p. 16) financiaron expediciones con sus fortunas. Al otro lado del mundo, el diplomático estadounidense John Lloyd Stephens (1805-1852) dirigió exploraciones en las selvas de México, donde descubrió las ciudades en ruinas de los antiguos mayas.

◄ La arqueología toma objetos como este amuleto descubierto en la tumba de un jefe celta del siglo VI a.C. en Hochdorf, Alemania, y averigua dónde encajan en una representación del pasado. El enterramiento de este objeto indica que esa sociedad daba importancia a los rituales funerarios.

Una disciplina científica

La arqueología es muy emocionante pero, en realidad, no se trata de aventuras en busca de tesoros. Es una disciplina científica que estudia los objetos descubiertos en excavaciones, como artículos de uso diario y desprecios, no sólo grandes tesoros. Después de recoger objetos, los arqueólogos trabajan en laboratorios, donde examinan los vestigios e interpretan todas las pruebas. Incluso a Indiana Jones (personaje basado en el arqueólogo estadounidense Hiram Bingam, 1875-1956) se le representa como profesor e investigador universitario.

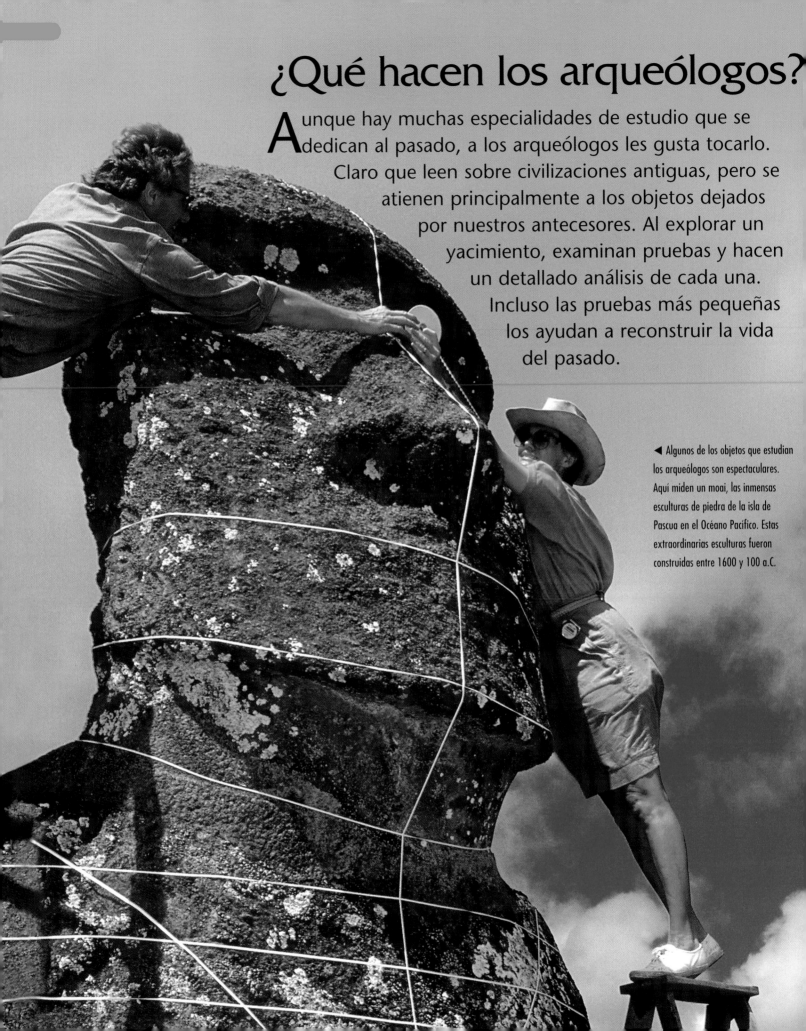

¿Qué hacen los arqueólogos?

Aunque hay muchas especialidades de estudio que se dedican al pasado, a los arqueólogos les gusta tocarlo. Claro que leen sobre civilizaciones antiguas, pero se atienen principalmente a los objetos dejados por nuestros antecesores. Al explorar un yacimiento, examinan pruebas y hacen un detallado análisis de cada una. Incluso las pruebas más pequeñas los ayudan a reconstruir la vida del pasado.

◀ Algunos de los objetos que estudian los arqueólogos son espectaculares. Aquí miden un moai, las inmensas esculturas de piedra de la isla de Pascua en el Océano Pacífico. Estas extraordinarias esculturas fueron construidas entre 1600 y 100 a.C.

Exploración de un yacimiento

Tras identificar un área que puede contener pruebas interesantes, los arqueólogos efectúan una minuciosa exploración. Después, por lo general, hacen una excavación en forma de zanja. Los yacimientos grandes se subdividen para que un equipo pueda hacer una exploración sistemática. Los arqueólogos se fijan en el punto donde descubren objetos y lo marcan en planos y dibujos. Tienen mucho cuidado de no dañar objetos frágiles y de no olvidar el lugar exacto donde los encontraron; la posición de un objeto es tan importante como el objeto mismo. Usan herramientas como cucharas y escobillas para quitar tierra o arena, pero a veces necesitan aparatos más complejos, como radares o equipos de sondas acústicas para detectar objetos bajo el suelo.

Capas de tiempo

Una de las preguntas que los arqueólogos deben responder es la edad de las pruebas que han desenterrado. En lugares de constante actividad humana, el nivel del suelo se eleva con los años, conforme la gente construye sobre lo que dejaron generaciones anteriores. Los materiales forman capas llamadas estratos. Cada capa data de un periodo histórico diferente, y su estudio permite a los arqueólogos calcular la antigüedad relativa de los objetos encontrados. También hay otras técnicas útiles. La datación de carbono mide la radiactividad, que indica la edad de objetos orgánicos como huesos y componentes de plantas. Los científicos también pueden conocer la antigüedad de un objeto de madera por la forma de los anillos del árbol del que procede.

▲ Aunque estas vigas podridas no parecen muy interesantes, un arqueólogo puede obtener información muy valiosa al examinarlas. Pertenecen a un buque mercante de 1465. Se hundió al regresar de Portugal con un cargamento de corcho, y es la única nave de su tipo que ha llegado a nuestros días. Fue descubierto en 2002 en las excavaciones para una construcción junto a un río en Newport, Gales.

▶ Este diagrama muestra capas de materiales en una fosa imaginaria. En la capa superior hay residuos modernos, como una botella, una lata y una bolsa de plástico. Abajo hay cerámica y pipas de arcilla, un cañón y una espada del siglo XVII, y una olla medieval. También hay un peine y una punta de lanza de tiempos de los vikingos (fines del siglo VIII), una hebilla de oro y otras joyas del periodo anglosajón (440-1066). En la base, la arqueóloga encontró un casco y una jarra romanos (100). ¡Claro que, una fosa real no tendría capas tan definidas ni contendría tantos tesoros!

Historia y prehistoria

Los arqueólogos estudian un periodo tan amplio —desde hace más de 10.000 años hasta nuestros días— que deben dividirlo en etapas. La "historia" es la época de la que se tienen registros escritos y vestigios físicos (desde 3000 a.C. en Mesopotamia). La "prehistoria" es la época anterior y se divide en las edades de Piedra, Bronce y Hierro, llamadas así según el principal material usado en cada una. Antes de 8000 a.C. la gente hacía instrumentos con piedra; en 4000 a.C. comenzó a desarrollar objetos de bronce, y más tarde (1400 a.C.) empezó a usar el hierro. Es imposible fechar estos periodos con precisión, ya que varían, e incluso se solapan, en todo el mundo.

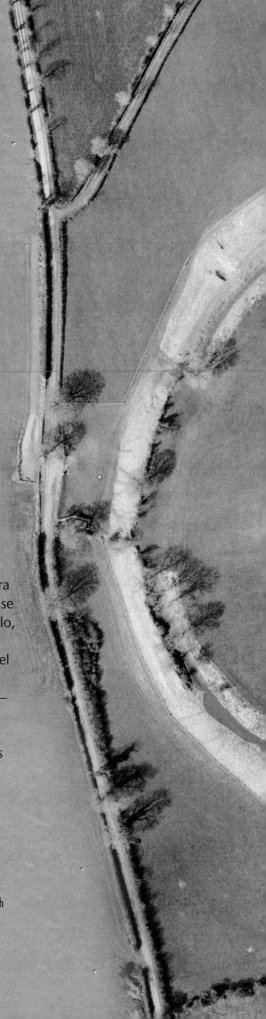

▲ Este cadáver de un hombre de la Edad de Hierro (hace 2.000 años) fue encontrado por casualidad en una turbera en Jutlandia, Dinamarca, en 1950. Un lazo alrededor del cuello indica que murió ahorcado. Su estómago aún contenía semillas y hierbas silvestres.

¿Dónde está la arqueología?

Hay restos del pasado por todas partes, a veces frente a nosotros: una iglesia sajona en una calle inglesa, las ruinas de un castillo de las Cruzadas en un monte en Oriente Medio o una ciudad de los indios del suroeste de Estados Unidos. Pero otras veces, los restos están ocultos y los arqueólogos deben buscar pistas menos obvias.

Restos físicos

Las ruinas antiguas nos brindan las más visibles muestras del pasado. Los restos de construcciones, ya sean de ladrillo, piedra o madera, nos dicen que alguna vez hubo personas que vivieron o trabajaron allí. La labor del arqueólogo es explorar con más detalle. Al excavar, los equipos buscan cuidadosamente objetos para clasificarlos y almacenarlos para su análisis.

Pistas en el suelo

A veces los restos de una construcción antigua no son tan obvios. Tal vez se hayan retirado piedras para hacer otras edificaciones en otra parte, o la madera se haya podrido. Incluso si nada es visible a ras del suelo, una mirada desde un ángulo diferente puede revelarnos una historia distinta. Marcas extrañas en el suelo —setos en círculos perfectos o en línea recta siguiendo el contorno de zanjas hechas— indican la existencia de alguna construcción hecha por el hombre. Los arqueólogos usan tecnologías como la fotografía aérea, equipos de sónar, planimetría geofísica o la fotografía hecha por satélites, para saber más sobre lo que hay debajo.

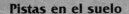

◄ A veces, imágenes antiguas inspiran la búsqueda del lugar histórico asociado con ellas. Este es Sargón, rey de la antigua ciudad de Kish en Mesopotamia (hoy Irak) en 2350 a.C. Fue fundador de una ciudad cercana, Akkad. Esta ciudad aún está por descubrir.

▼ Detalles fáciles de ignorar al nivel del suelo se vuelven claros vistos desde el aire. Una toma aérea del fuerte Navan, en Irlanda del Norte, indica que esta fortaleza (que data de 700 a.C.) tiene un foso protector y está rodeada por un terraplén defensivo.

Pruebas escritas

Registros como mapas y documentos históricos también nos dicen que determinados lugares han estado asociados con la actividad humana. Un mapa del siglo XVIII, por ejemplo, podría mostrar una construcción ya inexistente. Pero excavaciones podrían revelar que sus cimientos permanecen bajo la superficie, e indicar si se le usó para diferentes propósitos a lo largo de los siglos.

Hallazgos casuales

Muchos descubrimientos han tenido lugar por azar. Por ejemplo, en 1940, en Lascaux, Francia, unos jóvenes encontraron una caverna con pinturas prehistóricas que habían estado ocultas 15.000 años (véanse pp. 20-21). A veces también ayuda el clima: en 1991, el deshielo parcial de un glaciar en el norte de Italia reveló el cadáver de un hombre de la Edad de Bronce, perfectamente conservado por el hielo durante más de 5.000 años.

▲ Este mapa de Tenochtitlan (véanse pp. 50-51) exagera el tamaño del recinto sagrado en el centro de la ciudad; de lo que se deduce cómo debió maravillar a los españoles que hicieron el mapa en el siglo XVI. Mapas como este están llenos de pistas para los arqueólogos.

Fragmentos y piezas

El tamaño de un objeto no es ningún impedimento para que este sea estudiado por un arqueólogo. Ya sea una ciudad entera que ha permanecido oculta en las montañas durante siglos o una moneda del tamaño de una uña, cada objeto es un indicio vital del pasado. Un arqueólogo es un detective histórico, pues reúne pistas para hacerse una idea completa de algo. Sin embargo, cada vez que aparece una prueba, esa idea cambia. Pueden encontrarse soluciones o surgir nuevos misterios. Nuestra comprensión del pasado evoluciona constantemente.

Rompecabezas tridimensionales

Al excavar un yacimiento, los arqueólogos pueden encontrar una pequeña pieza de cerámica, y después otra y otra más; después, al unir los fragmentos, obtendrán una jarra que se usó hace 2.000 años. Un análisis minucioso del interior de la jarra revelará para qué servía: para guardar grano, agua, vino o aceite de oliva, por ejemplo. Algunos fragmentos de cerámica son muy elaborados. Los jarrones de Atenas del siglo VI a.C. muestran escenas de la vida cotidiana ateniense y nos dicen mucho sobre la sociedad de la antigua Grecia.

▲ Esta moneda de plata fue acuñada en tiempos de Ptolomeo I, que gobernó Egipto desde 304 a.C. Las monedas son fáciles de fechar por el gobernante que aparece en ellas. Se pueden encontrar a miles de kilómetros de su origen, lo que revela patrones comerciales.

▶ Ilustraciones antiguas nos muestran cómo trabajaba o jugaba la gente y cómo era. A veces una imagen nos dice más que las palabras, y nos brinda uno verdadera comunicación con una civilización antigua. En este mural del palacio de Cnosos (véanse pp. 34-35) aparecen dos jóvenes boxeando.

▲ Un arqueólogo examina restos de hace mucho tiempo, en un montículo de conchas en lo orilla del río, en el yacimiento de la ciudad de St. Mary, el más antiguo asentamiento de la actual Maryland, EEUU. Moluscos como estos fueron una importante fuente de alimento para pueblos que habitaron junto a ríos.

▶ No sólo los edificios y los objetos preciosos perduran durante siglos. Hechos inusuales, como el quedar sepultado por ceniza volcánica, pueden significar grandes hallazgos, como este tazón de aceitunas encontrado en Pompeya (véanse pp. 42-43) tras casi 2.000 años.

Restos humanos

A veces los fragmentos que los arqueólogos estudian son restos humanos. Cráneos, huesos y dientes pueden decirnos mucho sobre las lesiones que sufrían las personas, el tipo de alimentos que comían y las causas de su muerte. Los montículos sepulcrales y las tumbas están llenos de esta clase de detalles. La manera de enterrar a los muertos puede ayudarnos a reconstruir la organización de su sociedad. A menudo las sepulturas contienen joyas y armas, y nos dan un idea de lo que esas personas pensaban sobre la muerte. Muchas creían que la muerte era el inicio de una nueva vida, así que enterraban a sus muertos con los objetos que consideraban útiles en su viaje al más allá.

Desechos

Aunque los tesoros son admirables e importantes, gran parte de lo que encuentran los arqueólogos son desechos: objetos perdidos, rotos o eliminados en la vida diaria. Estos desperdicios revelan información acerca de un asentamiento y de la gente que vivió en él. ¿Qué harán las futuras generaciones con las cosas que tú desechas hoy?

▼ Los objetos ornamentales nos hablan sobre las creencias y costumbres de una sociedad. Esta cabeza representa a un importante guerrero coyote y procede de la civilización tolteca, de México, de hace más de 3.000 años.

Hallazgos famosos

En todo el mundo, los arqueólogos descubren objetos interesantes que amplían sus conocimientos sobre el pasado. Por lo general sus hallazgos son tan especializados que solo algunos eruditos y profesionales pueden conocerlos. Pero de vez en cuando se hacen descubrimientos tan insólitos, espléndidos o inesperados que se difunden en el mundo entero.

▲ Esta máscara, descubierta en Micenas, Grecia, perteneció, según Heinrich Schliemann (1822-1890), al rey Agamenón (1140 a.C.) Esto sorprendió al mundo, ya que indica que un personaje de leyenda podría basarse en una figura histórica.

El sepulcro de un barco en Sutton Hoo

En 1939, en Sutton Hoo, Suffolk, Inglaterra, arqueólogos que excavaban montículos sepulcrales anglosajones hicieron un maravilloso descubrimiento. Desenterraron los restos de un barco del siglo VII que contenía una abundante colección de tesoros y que tal vez contuvo el cadáver del rey Raedwald (muerto en 625). Cuando el rey murió, el barco fue arrastrado a tierra firme. El cadáver del rey se colocó en un aposento del barco que se llenó de objetos preciosos antes de ser enterrado. Cuando se le descubrió, la estructura de madera ya se había podrido, pero los tesoros sobrevivieron.

▶ En Sutton Hoo no se descubrieron pruebas definitivas de un cadáver, pero este magnífico casco nos permite imaginar al rey al que alguna vez protegió en las batallas.

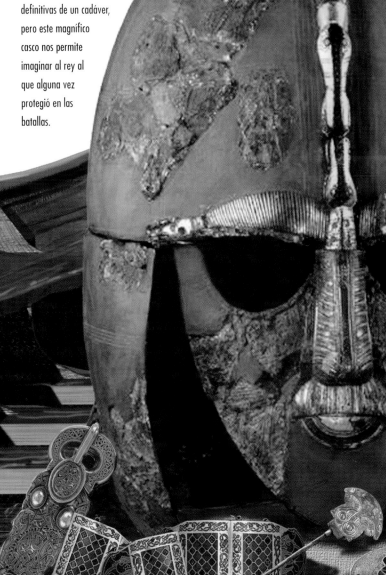

Los tesoros

Los objetos de Sutton Hoo se hallaban en un estado lamentable, pero aun así nos muestran el esplendor de la corte real sajona, joyas de oro con incrustaciones de cristales, hebillas, broches, escudos, cascos, armas, monedas y cuernos para beber (todos ellos se ven abajo) aluden a la importancia y categoría del rey.

Objetos similares se descubrieron en 1978 en la sepultura de un jefe celta del siglo VI a.C. en Hochdorf, Alemania. Entre ellos había cuernos para beber, armas, joyas y un asiento de bronce. Tumbas tan elaboradas como esta, de personajes de alta categoría, ayudan a los arqueólogos a saber cómo estaban organizadas las sociedades antiguas y cómo honraban a su rey o jefe.

Una ciudad oculta

Otro asombroso hallazgo fue el descubrimiento, en 1911, de una ciudad entera que había permanecido oculta durante 500 años. Machu Picchu, que debe su nombre a la montaña que la protege, fue una ciudad fortificada en lo alto de los Andes, en América del Sur (véase fotografía, p. 7). Fue construida por los incas, y los españoles que los conquistaron en el siglo XVI nunca la descubrieron. Su palacio, el Templo del Sol, y su elevada posición la convirtieron en una maravilla para el mundo moderno.

▶ La piedra de Rosetta es una piedra pulida en la que fueron grabadas tres versiones de un mismo texto, y fue descubierta en Egipto en 1799. En 1822 el arqueólogo François Champollion (1790-1832), gracias a sus conocimientos de egipcio y griego antiguos, descifró los jeroglíficos de la piedra. Miles de otros jeroglíficos egipcios han sido descifrados desde entonces.

Nada es demasiado pequeño

A veces un objeto pequeño puede tener enormes implicaciones para comprender el pasado. La piedra de Rosetta revolucionó el entendimiento sobre la antigua civilización egipcia. Se trata de una piedra tallada con tres versiones del mismo texto. Una de ellas fue escrita en egipcio antiguo, otra en griego antiguo y la tercera en la escritura pictográfica egipcia de jeroglíficos, que antes nadie había podido descifrar. Esta piedra resultó ser la clave para entender ese antes misterioso sistema de escritura.

▲ La putrefacción de los maderos del barco de Sutton Hoo solo dejó una huella fantasmal en la tierra. Sin embargo, en esta fotografía se advierte la impresión del casco de madera e incluso los remaches de hierro que mantenían unidos los tablones. Esta huella les dio a los arqueólogos prueba tangible de la escala del entierro.

▲ En el siglo VIII los musulmanes del norte de África invadieron España. Eran un pueblo culto que apreciaba la arquitectura exquisita, y muchas de sus construcciones aún perduran. El palacio de La Alhambra fue la última fortaleza de los reyes moriscos de Granada.

▼ En una impresionante operación para salvar de la inundación las valiosas ruinas de los templos del faraón Ramsés II en Abu Simbel, las estatuas y columnas fueron divididas en secciones y trasladadas a un terreno más elevado. Después se reconstruyeron de nuevo, lejos del agua de la presa de Asuán.

Todo cambia

Nuestra vida cambia sin cesar en una larga cadena de hechos. Tras miles de años, los cambios son enormes. Las culturas crecen y decaen, los países son conquistados, las personas desarrollan nuevas tecnologías y modos de vida. En contraste, las cosas que dejan son inmóviles e inertes. Al dar vida al pasado, los arqueólogos crean una "secuencia completa" a partir de una serie de "fotografías".

Cambio y conquista

Los cambios rara vez son repentinos, pues las civilizaciones ascienden y caen, y las sociedades se levantan sobre lo ocurrido en el pasado. La violencia produce cambios, como cuando una cultura conquista a otra. Por ejemplo, la conquista de Inglaterra por los normandos en 1066 provocó enormes cambios en la vida anglosajona, reflejados en nuevos gobiernos, arquitectura y nuevo vocabulario. En España, durante siete siglos, los musulmanes dejaron su huella, hasta que fueron expulsados de su última fortaleza de Granada en 1492.

Decisiones difíciles

Los gobiernos tienen que elegir a menudo entre salvar un yacimiento arqueológico o crear algo nuevo sobre él. En 1959 el gobierno egipcio tuvo que decidir entre la construcción de una presa en Asuán y la preservación de los templos de Abu Simbel, que habrían quedado sumergidos. La solución fue trasladarlos a otra parte. Un proyecto similar está en marcha para salvar el templo de Ba Wang en China, ya que se encuentra en un terreno que será inundado por una presa en el río Yangtze.

Guerras

A lo largo de la historia se han destruido ciudades a causa de conflictos, y por todas partes encontramos pruebas de batallas pasadas. Pero la guerra no se limita al pasado, aún provoca la destrucción de yacimientos de gran importancia arqueológica. Los enfrentamientos en la antigua Yugoslavia a principios de la década de 1990 destruyeron muchos y muy valiosos templos antiguos. Quizás el acto más terrible de destrucción en esa zona fue el derrumbe, tras meses de bombardeos, de un hermoso puente del siglo XVI en Mostar (hoy Bosnia) en 1993.

▲ El desorden civil en Irak durante la guerra de 2003 tuvo como resultado el saqueo del museo de Bagdad y la destrucción o robo de muchas de sus piezas, con algunos de los objetos más antiguos y preciosos del mundo.

Se sabe que algunos yacimientos culturales importantes han sido atacados deliberadamente, ya que esto causa un profundo impacto en la población de una ciudad.

Cambios cotidianos

Ninguna construcción es eterna. Tras cierto tiempo incluso nuestra casa se desmoronará. ¿Debería ser borrada su historia para dejar lugar a una carretera o una pista de aviación? ¿Qué debe hacerse cuando una compañía constructora descubre en los cimientos las ruinas de un templo romano o de un teatro medieval? En muchos países se ha llegado a acuerdos que permiten a los arqueólogos examinar un lugar antes de construir en él.

▶ Los cambios políticos pueden determinar la suerte de grandes yacimientos arqueológicos. En 1975 se hicieron labores de conservación de las magníficas y mundialmente famosas estatuas de Buda en Bamiyan, Afganistán. En 2001, pese a las críticas de todos los países, el grupo islámico extremista talibán las destruyó (abajo).

¿Hacia dónde seguir?

Los arqueólogos no paran de hacer descubrimientos del pasado. Cada día encuentran nuevos objetos y excavan en nuevos lugares. Pero la arqueología no consiste solo en recoger cosas, sino también en ampliar conocimientos sobre el pasado. Esto implica la mejora de los métodos de medición y el desarrollo de nuevas teorías; la exploración de métodos de búsqueda, análisis y almacenamiento de pruebas, y hasta su presentación de manera atractiva.

▲ Después de su descubrimiento, en 1940 las pinturas rupestres prehistóricas de Lascaux, en el suroeste de Francia, atrajeron a tantos visitantes que se vieron amenazadas por los cambios de temperatura, la humedad e incluso las sustancias químicas en la respiración de la gente. Para preservarlos, la cueva fue cerrada al público en 1963 y cerca se construyó una réplica a tamaño natural.

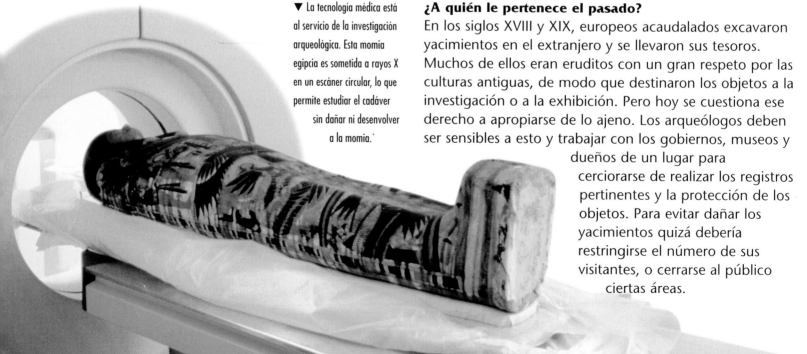

▼ La tecnología médica está al servicio de la investigación arqueológica. Esta momia egipcia es sometida a rayos X en un escáner circular, lo que permite estudiar el cadáver sin dañar ni desenvolver a la momia.

¿A quién le pertenece el pasado?

En los siglos XVIII y XIX, europeos acaudalados excavaron yacimientos en el extranjero y se llevaron sus tesoros. Muchos de ellos eran eruditos con un gran respeto por las culturas antiguas, de modo que destinaron los objetos a la investigación o a la exhibición. Pero hoy se cuestiona ese derecho a apropiarse de lo ajeno. Los arqueólogos deben ser sensibles a esto y trabajar con los gobiernos, museos y dueños de un lugar para cerciorarse de realizar los registros pertinentes y la protección de los objetos. Para evitar dañar los yacimientos quizá debería restringirse el número de sus visitantes, o cerrarse al público ciertas áreas.

▶ Todos tenemos pruebas de nuestros antepasados en el ADN. Es probable que estos colombianos sean descendientes de conquistadores españoles y población nativa.

Presentación

La arqueología no es sólo para los arqueólogos, es para todos. Por eso se estudian nuevas formas de presentar al público los hallazgos. Se pueden utilizar imágenes digitales para reconstruir con detalle paisajes antiguos, o recrear el pasado en la televisión o el cine. A veces un edificio histórico es reconstruido o restaurado. Museos como el Jorvik Viking Centre de York, Inglaterra, cuentan con parques arqueológicos que brindan a los visitantes la oportunidad de experimentar el aspecto, los sonidos y hasta los olores de siglos pasados.

▲ No solo el pasado lejano resulta interesante. Aquí, los visitantes del National Railway Museum de York, Inglaterra, se disponen a pasear en una reconstrucción del Rocket, uno de los más antiguos trenes de vapor, que hizo su primer viaje en 1829.

Nueva tecnología

Los avances de la ciencia brindan a los arqueólogos herramientas más precisas para examinar pruebas del pasado. Mejores imágenes vía satélite, radares que atraviesan el suelo y métodos de datación científica ayudarán a revelar más sobre el pasado. Las más recientes técnicas químicas y biológicas permiten a los científicos descubrir minuciosos detalles de la vida cotidiana: granos de polen en desechos domésticos o en los restos de una persona preservada en una turbera o pantano pueden decirnos bastante sobre su dieta y el medio ambiente.

Los científicos pueden estudiar incluso restos de grasa en una olla antigua y deducir qué alimentos se cocinaron en ella. Los arqueólogos usan la prueba del ADN para saber si cadáveres encontrados juntos tienen vínculos familiares. También estudian a las personas vivas para esclarecer misterios del pasado. En Colombia, el análisis del ADN ha demostrado que la población actual desciende en su mayoría de hombres europeos y mujeres nativas. Esto indica que los conquistadores acabaron con los hombres y se casaron con las mujeres.

Nuestro pasado reciente

Los arqueólogos también desentierran restos de un pasado reciente. El siglo XIX generó inventos que ahora son obsoletos. Muchas herramientas agrícolas e industriales producidas hace apenas 100 o 200 años ahora son un misterio. Los arqueólogos industriales pueden aprender mucho de esos objetos. Estudian cómo los cambios en el transporte y la tecnología influyeron en la vida cotidiana.

SUMARIO DEL CAPÍTULO 1: ¿QUÉ ES LA ARQUEOLOGÍA?

Excavar en busca del pasado

La arqueología es el estudio de los restos físicos del pasado. Como vimos, esto requiere muchas habilidades. Trabajar en un yacimiento arqueológico, por ejemplo, puede ser una tarea larga y agotadora. Después, tanto el yacimiento como los objetos deben analizarse cuidadosamente. La arqueología también requiere destreza intelectual e imaginación. Los arqueólogos toman como punto de partida los restos materiales de individuos, comunidades, culturas y civilizaciones enteras, y luego proceden a formular importantes preguntas sobre el pasado. ¿Cómo vivieron personas cuyo rostro nunca hemos visto, salvo quizás en frescos o mosaicos, y cuyo nombre nunca sabremos? ¿Cómo determinó esa vida la nuestra?

El escudo Battersea, elaborado objeto de la Edad de Hierro hallado en Londres, Inglaterra, data de 350-50 a.C.

Exhibir y explicar

Los arqueólogos son responsables de compartir con el mundo sus descubrimientos. Preservan cuidadosamente lugares y objetos para las generaciones futuras y exhiben sus hallazgos de manera imaginativa. Dónde exponerlos puede ser a veces un tema controvertido. ¿Es correcto trasladar y exhibir objetos fuera de su contexto original, en museos? Los aborígenes australianos han dicho que no y han exigido la restitución de su patrimonio cultural. Hoy también se debate sobre la propiedad de muchos otros objetos y su preservación.

Los arqueólogos no cesan de dirigir su atención a nuevos lugares y de descubrir más cosas sobre yacimientos ya conocidos. Su propósito es desenterrar objetos con toda delicadeza y enriquecer con ello, poco a poco, nuestros conocimientos. Tal vez lo más emocionante de todo sea saber que aún hay muchos tesoros por encontrar, misterios por resolver e historias por contar.

Ve más allá...

En esta página encontrarás más información sobre la arqueología:
www.digonsite.com

Descubre los últimos hallazgos arqueológicos:
www.bbc.co.uk/history/archaeology

Visita el Club de Jóvenes arqueólogos:
www.britarch.ac.uk/yac/index.html

Arqueólogo
Estudia el pasado trabajando en excavaciones y examinando los restos de poblados antiguos.

Científico forense
Usa las técnicas científicas para examinar restos humanos antiguos.

Historiador
Lee y escribe sobre personas, lugares y hechos del pasado.

Guía turístico
Acompaña a los visitantes en su recorrido por sitios arqueológicos.

Voluntario
Ayuda a arqueólogos locales en tareas de excavación y conservación.

Visita el Museo Británico para ver el barco de Sutton Hoo y la piedra de Rosetta:
Great Russell Street,
Londres WC1B 3DG, UK.
Teléfono: +44 (0) 20 7323 8482
www.thebritishmuseum.ac.uk/index.html

En Lascaux II, Montignac, Francia, encontrarás una réplica de las pinturas rupestres de Lascaux:
www.culture.gouv.fr:80/culture/arcnat/lascaux/en/

Detalle del Estandarte Real de Ur (lado de la paz), 2600 a.C.

CAPÍTULO 2

Tocar el pasado

En el mundo existen cientos de miles de yacimientos arqueológicos. Todos nos ayudan a entender el pasado. Pero algunos resaltan sobre el resto. Pueden ser muy antiguos, como los vestigios de Catal Hüyük en Turquía, que nos dan una idea más clara de la vida en épocas prehistóricas, o extremadamente ricos en detalles, como las ruinas de Pompeya. O pueden ser lugares, como algunos campos de batalla, en los que la arqueología replantea la Historia. Algunos sitios son espectaculares, como la tumba de Tutankamón en Egipto, que asombró al mundo con sus tesoros. En este capítulo conocerás una selección de lugares notables. Quizás algún día tú también los visites y, como hacen los arqueólogos, experimentes la emoción de tocar fragmentos del pasado con tus propias manos.

◀ Herramientas y armas como esta punta de flecha de pedernal del periodo paleolítico tardaron miles de años en desarrollarse. Datarlas con precisión es muy difícil, porque el paleolítico, o Edad de Piedra temprana, transcurrió entre hace 2 millones y 13.000 años. El refinamiento y la precisión de esta pieza de Eslovaquia, en Europa, la ubican a fines de ese periodo.

Yacimientos

En todo el mundo hay lugares donde la gente ha vivido, trabajado, construido casas y ciudades, librado batallas, practicado la religión y el arte, y enterrado a sus muertos. Existen muchos yacimientos arqueológicos llenos de evidencias del pasado. En este mapa aparecen los que veremos en este capítulo.

Little Bighorn

Cahokia

Tenochtitlan

Antes de las aldeas

La vida de los pueblos primitivos fue una lucha constante por la supervivencia. Entonces no había lujos, solo la necesidad de alimento, agua, ropas y techo. Los seres humanos fueron nómadas durante miles de años; iban de un lugar a otro para cazar y recolectar frutos y semillas. Por eso los conocemos como cazadores-recolectores. Algunos vivían en cuevas. De esa época han sobrevivido herramientas y armas (como puntas de hacha y flechas), piezas talladas, joyas y algunos vestigios de construcciones.

Los primeros poblados

Los agricultores más antiguos se establecieron en Oriente Medio hace 10.000 años. Eligieron dónde vivir y construyeron casas fijas. Lo mismo sucedió después en otras partes. Poco a poco, en todo el mundo surgieron civilizaciones avanzadas, primero en Egipto, Mesopotamia y China. Luego brotaron poblados en Europa, Perú y África oriental. Al ascender y desvanecerse, las civilizaciones han dejado atrás pruebas materiales fascinantes que hoy estudian los arqueólogos.

◀ Antes de hacer poblados permanentes, las personas eran nómadas y queda muy poco de las casas provisionales que construían, lo que ha sobrevivido es arte primitivo en rocas que describen cosas importantes, como esta serie de dibujos de animales de caza en Namibia, África, de hace 10.000 años. Pinturas similares existen en cuevas de todos los continentes.

▶ Edificios ceremoniales como el mausoleo real esculpido en los riscos del desierto son todo lo que queda de la ciudad de Petra, Jordania, que estuvo en la cima de su poder entre 50 a.C. y 70 d.C.; los arqueólogos encuentran en ella un caudal de información. En esa época florecieron muchas culturas en Oriente Medio; Petra era el centro de importantes rutas comerciales.

Anillo de Brodgar

Newgrange

Londres

Mary Rose

Verdún

Carnac

Vilnius

Eslovaquia

Pompeya

Ife y Benin

Xi'an

Harappa

Mohenjo-Daro

Angkor

Atenas

Micenas

Catal Hüyük

Cnosos

Gran Zimbabwe

Babilonia

Petra

Ur

Namibia

Valle de los reyes

▲ Esta lancha, que se descubrió enterrada junto a un gobernante muerto en el cementerio imperial de Ur, Mesopotamia (hoy Irak). Tiene más de 4.500 años de antigüedad. Ciudades estado mesopotámicas como Ur vieron el primer florecimiento de la civilización como hoy la conocemos. El surgimiento de la escritura en esa región coloca a Ur en un crucero arqueológico donde la historia y la prehistoria se solapan.

▲ Esta figurilla de terracota de una mujer se cree que es un símbolo de fertilidad que representa a una "diosa madre" que era venerada por las ricas cosechas que podia brindar.

Catal Hüyük

Después de miles de años siendo nómadas, hace 9.000 años, los cazadores-recolectores comenzaron a elegir un lugar en el que vivir y a construir estructuras en las que la comunidad entera pudiera llevar una vida más estable. Catal Hüyük, en la actual Turquía, es una de las ciudades más antiguas, y nos permite vislumbrar la vida de los primeros hombres y mujeres que dominaron su medio hace muchísimo tiempo.

El descubrimiento

En 1961, el arqueólogo inglés James Mellaart (1925) viajó al sur de Turquía para excavar un montículo artificial (*hüyük*, en turco) que había descubierto tres años antes, mientras inspeccionaba el valle Konya de Anatolia. Tras retirar varias capas de tierra halló, junto con su equipo, los restos de un pueblo de la Edad de Piedra, hogar de entre 5 y 6 mil personas en alrededor de 6000 a.C. El yacimiento abarcaba un área equivalente a 50 campos de fútbol y en su apogeo fue uno de los lugares más densamente poblados del mundo.

◄ El toro es una imagen masculina de la fertilidad. La fertilidad era vital para una comunidad que dependía de la agricultura y la caza par sobrevivir. La caza era importante por los alimentos y pieles que proporcionaba y por el ritual compartido que ofrecía a la población.

Una comunidad agrícola

Las excavaciones de Mellaart (y otras posteriores) sacaron a la luz evidencias de una comunidad agrícola muy avanzada. La región era fértil en esa época y la gente de Catal Hüyük aprovechó esta suerte. Las pruebas descubiertas demuestran que cultivaban cereales, uvas y manzanas; comían garbanzos, lentejas y pistachos; criaban ovejas y vacas, y cazaban jabalíes, cabras y venados. Incluso tenían perros para cuidar su casa.

Vida urbana

Aunque Catal Hüyük es el ejemplo más grande y antiguo de asentamiento urbano, no se parece a una ciudad actual. Las casas, de adobe, formaban un grupo inmenso y no había calles ni puertas. La gente entraba a su casa por el techo, los cuartos eran pequeños y las paredes solían decorarse con dibujos de escenas de caza o cultivo. Los habitantes de Catal Hüyük se cuentan entre los primeros seres humanos en producir telas, tazones de madera e incluso espejos. También comerciaron con comunidades vecinas. Los símbolos de fertilidad eran importantes, y tal vez creían en algún tipo de vida después de la muerte; los muertos eran enterrados en casa con los objetos que habían usado en vida, como ollas, abalorios y brazaletes.

▲ Esta reconstrucción de un grupo de casas de Catal Hüyük muestra estaban ubicadas muy juntas unas de otras. No había ventanas ni calles, y la gente entraba a su casa por el techo.

▼ En esta vista aérea de la probable apariencia de Catal Hüyük se advierte el apiñamiento de las casas de adobe. La llanura circundante era fértil —a diferencia de cómo es ahora—, con amplias zonas pantanosas que se inundaban fácilmente y áreas pobladas por caballos, ovejas y jabalíes.

Piedras gigantes de Europa occidental

¿Monumentos eternos a los muertos o lugares de reunión para los vivos? ¿Calculadoras astronómicas o relojes celestiales? ¿Pilares para marcar la propiedad de la tierra o santuarios para guiar a la gente a la siguiente vida? Tal vez nunca sabremos por qué pueblos prehistóricos de Europa occidental erigieron misteriosos monumentos de piedra, miles de los cuales engalanan el paisaje. Pero sabemos que su persistente fascinación no ha disminuido después de 5.000 años.

▲ En Newgrange hay bastantes enormes piedras profusamente decoradas con figuras como estas espirales. Sobre la puerta se advierte la "caja del techo" a través de la cual los rayos del sol iluminan el pasillo a la mitad del invierno.

El pasillo sepulcral de Newgrange

La estructura prehistórica de piedra de Newgrange, Irlanda, construida en 3000 a.C., es una de las más famosas de Europa occidental. Consiste en un gran montículo de piedra y turba, con un corredor que conduce a una cámara sepulcral. Como muchos otros conjuntos prehistóricos de piedras, la estructura de Newgrange tiene una alineación precisa para que ocurra algo especial en cierta época del año. En este caso, en el día más corto del año (solsticio de invierno) los rayos del sol naciente entran directamente al pasillo, iluminando la pared de la cámara sepulcral.

El misterio

Cada solsticio de invierno, por un breve lapso de 17 minutos, los primeros rayos de sol invernal irrumpen en la oscuridad en perfecta alineación con el pasillo y la cámara sepulcral. Esto no sucede por casualidad. ¿Por qué fue construido así? ¿Para simbolizar la proximidad de la primavera? ¿O para indicar la creencia de que la luz y la vida triunfarán sobre la oscuridad y la muerte? No contamos con textos que nos ayuden a saberlo. Este es el misterio de Newgrange.

◄ Las 27 piedras aún en pie del Anillo de Brodgar en Orkney, Escocia, forman parte de un conjunto de estructuras rituales. En Orkney también existe una aldea de casas de piedra del mismo periodo (3100-2500 a.C.) espléndidamente conservadas.

◀ El montículo circular de Newgrange tiene 95 m de diámetro y 15 m de altura, y consta de 200.000 toneladas de piedras y tierra. Se necesitan 80 hombres trabajando durante cuatro días para transportar una sola piedra de 4 toneladas desde la cantera más próxima, así que su construcción fue una hazaña colosal. La fachada de cuarzo blanco, que resplandece en el solsticio de invierno, fue restaurada en la década de 1960.

Eterna fascinación

Estas enormes piedras también se llaman megalitos, del griego *mega* "grande", y *lithos*, "piedra". La gente siempre se ha sentido fascinada por ellas, por su ubicación y por la razón de su construcción. Estas piedras fueron transportadas desde grandes distancias sin ningún propósito práctico claro, así que sin duda tuvieron gran importancia en los rituales o la vida religiosa de las comunidades. En los años cincuenta los arqueólogos supieron que datan de entre 3000 y 1500 a.C. Los hallazgos como este nos dan una mejor idea acerca de los pueblos que convivieron con esas piedras.

Los grandes interrogantes

Los megalitos pudieron ser templos, lugares ceremoniales o de sacrificio, o calendarios gigantes para indicar las estaciones. Está claro que estos monumentos se construyeron a partir de preguntas como ¿qué lugar ocupamos los seres humanos en el universo?, ¿quién o qué controla nuestra vida?, ¿qué nos espera tras la muerte? Muchos de ellos se erigieron para alojar a los muertos. Objetos desenterrados en montículos sepulcrales sugieren que esas sociedades creían que la muerte no era el final de las cosas, sino una parte de un largo viaje.

▶ En Carnac, Bretaña, Francia, hay alineaciones de piedras compuestas por 3.000 megalitos que se extienden varios kilómetros. Quizás hayan sido lugares de culto, o dispositivos para seguir los movimientos de los astros en una sociedad que dependía del clima y las estaciones.

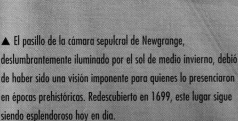

▲ El pasillo de la cámara sepulcral de Newgrange, deslumbrantemente iluminado por el sol de medio invierno, debió de haber sido una visión imponente para quienes lo presenciaron en épocas prehistóricas. Redescubierto en 1699, este lugar sigue siendo esplendoroso hoy en día.

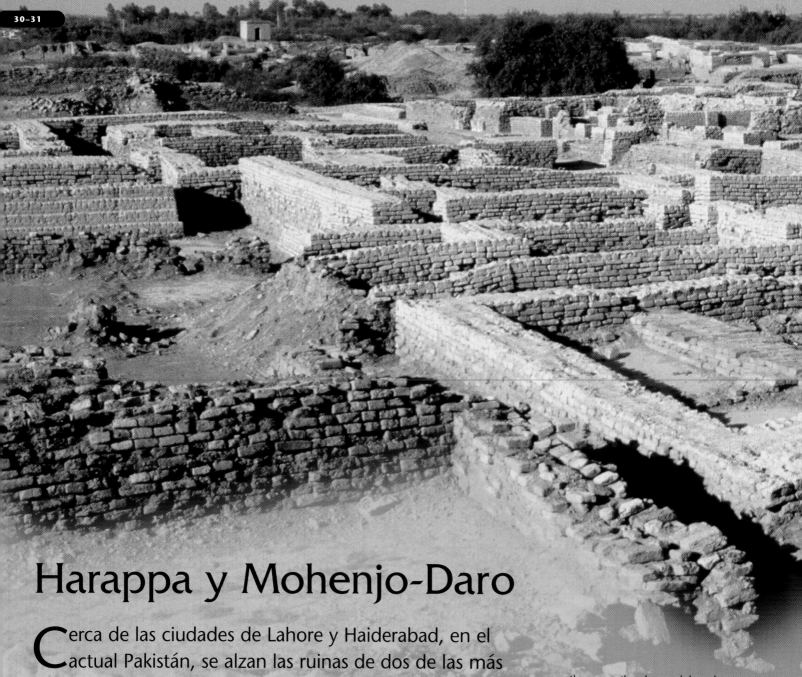

Harappa y Mohenjo-Daro

Cerca de las ciudades de Lahore y Haiderabad, en el actual Pakistán, se alzan las ruinas de dos de las más antiguas ciudades prehistóricas de ladrillos, edificadas en el Valle del Indo en 2700 a.C. Estas ciudades formaron parte de una gran civilización de la Edad de Bronce. Olvidadas durante siglos, fueron excavadas en los años veinte.

▲ Algunos arqueólogos han postulado que la cuadrícula exacta de las calles y casas de las ciudades del Valle del Indo (aquí aparece Mohenjo-Daro) es el más antiguo intento de planeación urbana. Las excavaciones han revelado que casi todas las casas tenían desagüe y suministro de agua.

Harappa

Cuando los arqueólogos comenzaron a excavar el yacimiento de Harappa, encontraron vestigios de una ciudad extraordinaria. Había sido construida siguiendo una estricta cuadrícula, con casas en ángulo recto entre sí. En 1921 se desenterraron evidencias de una impresionante ciudadela sobre el barrio residencial que contenía edificios públicos como talleres y una gran bodega de grano que servía como una especie de banco central.

Ciudades de comerciantes

Los mercaderes del Valle del Indo se relacionaron con pueblos vecinos –algunos de ellos a gran distancia–, con los que comerciaban con madera, piedras preciosas, oro y marfil. En Harappa los bienes se almacenaban en bodegas, donde se han descubierto sellos de arcilla. Estos identificaban a cada mercader. También se han encontrado modelos de terracota de carretas de dos ruedas, que indican cómo se transportaban las mercancías.

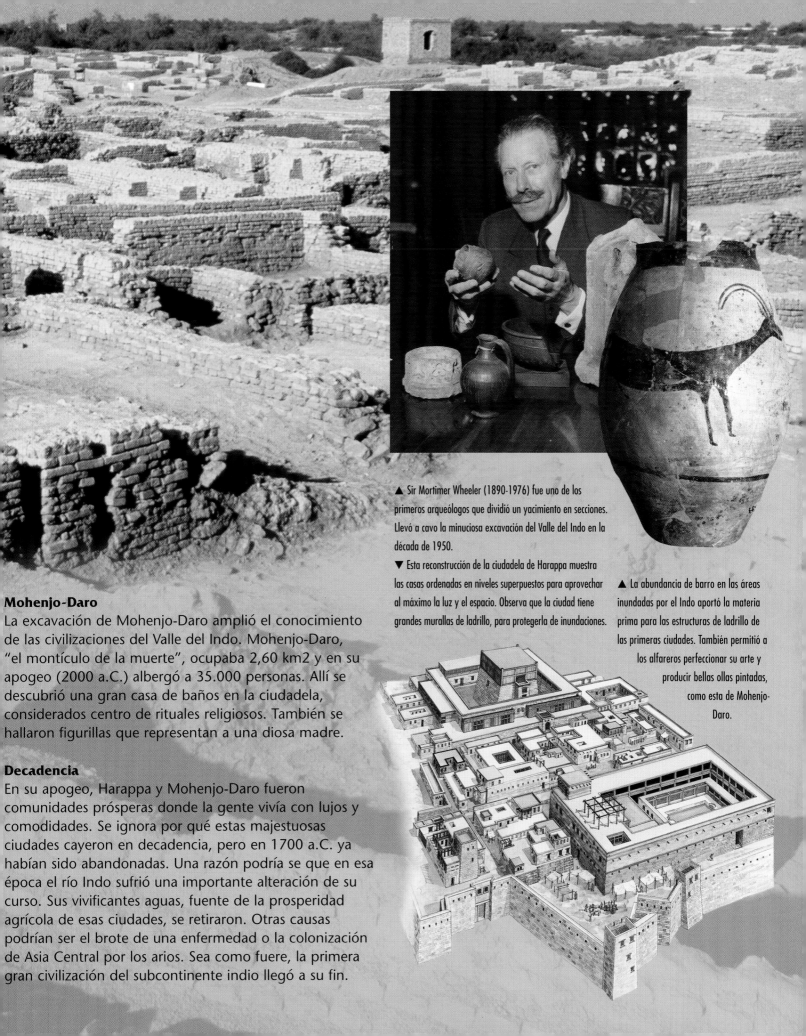

Mohenjo-Daro

La excavación de Mohenjo-Daro amplió el conocimiento de las civilizaciones del Valle del Indo. Mohenjo-Daro, "el montículo de la muerte", ocupaba 2,60 km2 y en su apogeo (2000 a.C.) albergó a 35.000 personas. Allí se descubrió una gran casa de baños en la ciudadela, considerados centro de rituales religiosos. También se hallaron figurillas que representan a una diosa madre.

Decadencia

En su apogeo, Harappa y Mohenjo-Daro fueron comunidades prósperas donde la gente vivía con lujos y comodidades. Se ignora por qué estas majestuosas ciudades cayeron en decadencia, pero en 1700 a.C. ya habían sido abandonadas. Una razón podría se que en esa época el río Indo sufrió una importante alteración de su curso. Sus vivificantes aguas, fuente de la prosperidad agrícola de esas ciudades, se retiraron. Otras causas podrían ser el brote de una enfermedad o la colonización de Asia Central por los arios. Sea como fuere, la primera gran civilización del subcontinente indio llegó a su fin.

▲ Sir Mortimer Wheeler (1890-1976) fue uno de los primeros arqueólogos que dividió un yacimiento en secciones. Llevó a cavo la minuciosa excavación del Valle del Indo en la década de 1950.

▼ Esta reconstrucción de la ciudadela de Harappa muestra las casas ordenadas en niveles superpuestos para aprovechar al máximo la luz y el espacio. Observa que la ciudad tiene grandes murallas de ladrillo, para protegerla de inundaciones.

▲ La abundancia de barro en las áreas inundadas por el Indo aportó la materia prima para las estructuras de ladrillo de las primeras ciudades. También permitió a los alfareros perfeccionar su arte y producir bellas ollas pintadas, como esta de Mohenjo-Daro.

▲ Anillo doble de oro y plata para atar a los bueyes hallado en las tumbas reales de Ur.

Ur y Babilonia

Mesopotamia, en la Fértil Media Luna, zona limitada por los ríos Tigris y Éufrates (hoy Irak), ha sido llamada la cuna de la civilización. Allí fue donde, hace 5.000 años, sumerios, asirios y babilonios construyeron grandiosas ciudades y tendieron los cimientos de majestuosas civilizaciones. Los arqueólogos han reconstruido esa época de una manera fascinante.

La ciudad sumeria de Ur

Ur, una de las ciudades más antiguas de Mesopotamia, alcanzó su esplendor de 2100 a 2000 a.C. Allí nació la escritura. Sus ruinas se descubrieron en 1854, cuando se encontró un enorme montículo de tierra y ladrillos. Las excavaciones revelaron una inmensa pirámide escalonada, o zigurat, que era el centro de la antigua ciudad. En la cima había un templo; en los niveles inferiores, habitaciones para el sacrificio de animales y la preparación de otras ofrendas a los dioses.

Las tumbas imperiales

En 1926, en un cementerio de reyes y reinas antiguos, los arqueólogos descubrieron un amplio conjunto de objetos preciosos, desde cascos y escudos de oro hasta complejos instrumentos musicales en forma de animales. Esas sepulturas también contenían un sombrío secreto. Una procesión de soldados, músicos y sirvientes vivos había acompañado a la tumba a los cadáveres imperiales. Cada uno portaba un veneno mortal, que bebió una vez dentro, para escoltar a sus soberanos a la eternidad.

◀ El descubrimiento de las tumbas imperiales de Ur sacó a la luz un torrente de pruebas de una rica y refinada civilización. Los tesoros incluían este collar de la reina Pu-abi de Ur (muerta en 2500 a.C.), la cual fue enterrada con todas sus galas y 25 sirvientes que hallaron la muerte a su lado.

El ascenso de Babilonia

Al paso de los siglos, Ur fue eclipsada por la ciudad de Babilonia, en su apogeo bajo el rey Nabucodonosor (que gobernó de 605 a 562 a.C.). Este rey fortificó la urbe con murallas y construyó una exquisita puerta de ladrillos azules dedicada a Istar, la diosa del amor. Dentro de las murallas estaba el templo de Marduk, un zigurat construido según el modelo de Ur. El rey ordenó que fuera más alto que el de Ur, como símbolo de poder y riqueza.

Los Jardines Colgantes

Los arqueólogos han descubierto evidencias de los ladrillos de la Puerta de Istar de Babilonia, reproducida, junto con sus figuras de animales mitológicos, en el Museo Pergamon, de Berlín, Alemania. Sin embargo, la estructura más famosa de esa ciudad fue una montaña artificial que alojaba a una pasmosa colección de plantas y flores exóticas. Los jardines colgantes de Babilonia fueron una de las siete maravillas del mundo antiguo. Desde entonces han hechizado la imaginación de la gente, pese a que no se han encontrado pruebas de su existencia.

▼ Nabucodonosor ordenó que el Templo de Marduk fuera tan alto que "llegara al cielo". Se cree que este templo dio origen a la leyenda bíblica de la Torre de Babel, construida para tratar de tocar el cielo.

▲ La Puerta Azul de Istar es el único monumento de Babilonia del que existen ruinas. En esta reconstrucción, detrás de ella está el impresionante Templo de Morduk. Zigurats escalonados como este eran un rasgo característico del paisaje de Mesopotamia y simbolizaban la unión del cielo y la tierra. Al fondo se advierten los majestuosos jardines colgantes.

El palacio de Cnosos

Según la leyenda, hace miles de años, en la isla mediterránea hoy conocida como Creta, vivía el cruel tirano Minos. Su fabuloso palacio contenía un laberinto subterráneo resguardado por un terrible monstruo: el Minotauro, mitad hombre y mitad toro. Mucho se ha dicho sobre el rey Minos, el Minotauro y el laberinto, pero ¿su historia será algo más que leyenda? ¿Habrá existido realmente ese palacio, y sus mitos estarán basados en hechos históricos? Un arqueólogo inglés del siglo XIX estaba convencido de que sí.

▲ Sir Arthur Evans fue el primero en excavar el palacio de Cnosos. Acuñó el término "minoico" para referirse a la rica civilización que descubrió.

Mito vuelto historia

En 1899, el arqueólogo Arthur Evans (1851 -1941) compró un terreno en la ciudad de Cnosos y comenzó a excavar. Descubrió así los restos de un exuberante palacio con un laberinto de pasillos y patios, e imágenes de toros por todas partes: en mosaicos, frescos y esculturas. La historia del laberinto se escribió en 1000 a.C., pero las pruebas arqueológicas indicaron que el palacio fue construido al menos mil años antes. ¿Un palacio real repleto de pasillos y habitado por adoradores de toros y de la tauromaquia inspiró una historia que fue enriquecida por muchas generaciones? Evans lo creyó así.

◄ Los toros fueron un símbolo de poder y fertilidad masculinos en muchas civilizaciones de la época. Este ritón en forma de toro (jarra ritual para verter líquidos en una ceremonia religiosa) procede de Micenas, la civilización mediterránea que destruiría a Cnosos.

▲ El toro ocupó un honroso lugar en la sociedad y era representado en muchos lugares: desde cerámica hasta murales. Tenían complicados juegos que consistían en que jóvenes atletas saltaran sobre los cuernos del toro y se pararan de manos en su lomo mientras el animal cargaba contra ellos.

Una vida suntuosa

Evans descubrió pruebas de un palacio fabuloso. Sus patios resguardaban del calor sofocante en el verano. En invierno, la calefacción subterránea mantenía caliente el palacio. Baños, agua corriente y frondosos jardines: todo era esplendor. Pero más que un palacio imperial, era una ciudad en miniatura, con bodegas, templos y talleres, todo lo necesario para una civilización de la Edad de Bronce de hace 4.000 años.

La civilización minoica

La civilización minoica fue la primera gran civilización europea. Su ubicación en el centro de las rutas comerciales del Mediterráneo fue crucial. Pero la riqueza de la isla provocó envidia en otra civilización palaciega con sede en Micenas, en el noroeste. Desde el siglo XV a.C., guerreros micénicos invadieron Creta, lo cual fue el principio del fin del modo de vida minoico.

▶ Partes del antiguo palacio de Cnosos fueron reconstruidas por Evans y su equipo. Aunque el resultado fue de indudable belleza, se les criticó por usar materiales modernos, como el reforzado en los pilares. Esta es la gran escalera con el cuarto de la guardia al fondo.

La tumba de Tutankamón

La civilización de los antiguos egipcios duró más de 2.000 años y terminó en el año 1000 a.C. Sus gobernantes eran los faraones, y el territorio está salpicado de inmensas pirámides y tumbas reales, erigidas como monumentos a los faraones fallecidos y repletas de objetos para el viaje al más allá. Una de esas tumbas es la del rey niño Tutankamón (muerto en 1400 a.C.), quien gobernó muy poco tiempo pero cuya tumba reveló la más espectacular colección de tesoros que el mundo hubiera visto jamás.

Preocupación por la muerte

Los egipcios creían que la muerte era una fase de la vida; para renacer y vivir por siempre era preciso que se preservara el cadáver, así que conservaban a sus muertos como momias y los introducían en sarcófagos (féretros de piedra). Las momias se enterraban en cámaras sepulcrales bajo el desierto, y a menudo eran coronadas por pirámides que simbolizaban escaleras a las estrellas.

Las tumbas

Las tumbas de los faraones egipcios se llenaban de objetos que se consideraban útiles en la otra vida. Muchas de ellas han sido saqueadas durante años. Desde hace tiempo, los arqueólogos han trabajado para descubrir y exhibir objetos que nos digan más sobre la civilización del antiguo Egipto, Howard Carter (1874-1939) fue uno de ellos.

pertenencias
del faraón

cámara sepulcral

tesoro y relicario

▲ La tumba de Tutankamón tal como la vio Howard Carter.

▲ Al asomarse a la tumba de Tutankamón, Howard Carter sintió la emoción que mueve o todos los arqueólogos: ver y tocar objetos ocultos durante siglos. Aquel fue, como escribiría después, el día más maravilloso que había vivido.

Un descubrimiento anunciado

Algunas de las innumerables tumbas egipcias aún están por revelar sus secretos. Una de ellas es la de Hatshepsut, una de las pocas faraonas. Gobernó 15 años, hasta su muerte en 1458 a.C., en lugar de su sobrino, Tutmosis III (muerto en 1426 a.C.), que era demasiado joven para reinar. A su muerte, Tutmosis intentó eliminar su recuerdo destruyendo los monumentos dedicados a ella y retirando su nombre de documentos escritos. Pero respetó su tumba, la cual permaneció intacta durante siglos, dejando a los arqueólogos de hoy aún más misterios por resolver.

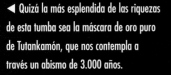

◄ Quizá la más esplendida de las riquezas de esta tumba sea la máscara de oro puro de Tutankamón, que nos contempla a través un abismo de 3.000 años.

▲ Esta tumba era una mezcla de los más asombrosos, extraños y seductores objetos de una antigua civilización. La atmósfera árida permitió la preservación de elementos como nueces, frutas secas y flores funerarias.

La tumba de Tutankamón

El 26 de noviembre de 1922, Carter estaba a punto de realizar uno de los descubrimientos más emocionantes que se haya hecho jamás. Estaba seguro de hallarse junto a la tumba de Tutankamón. Encendió una vela e hizo un agujero en la pared. Un aire que los sirvientes del faraón habían sido los últimos en respirar, provocó que la llama parpadeara. Pero cuando sus ojos se adaptaron a esa luz, vio las cosas más maravillosas que podía imaginar: cofres, estatuas, instrumentos musicales, jarras de vino, ropa, animales, momias, joyas, espadas, dagas y mucho más. Objetos de uso diario del faraón: tesoros de valor incalculable para el mundo moderno.

▲ La tumba de Hatshepsut en el Valle de los Reyes fue descubierta por Howard Carter en 1916. En su diario describe que sorprendió a ladrones de tumbas en la entrada y los persiguió. Esta tumba sigue siendo excavada por arqueólogos que no cesan de encontrar cosas nuevas.

La Acrópolis de Atenas

La Acrópolis, ciudadela que contuvo algunas de las estructuras más impresionantes del mundo, domina la ciudad griega de Atenas. Sus ruinas son un recordatorio de cimientos de la civilización occidental. Son asimismo la historia en piedra de una cultura que brindó al mundo la política, las matemáticas, el teatro, la filosofía y la democracia. Estas palabras tomaron forma práctica en la Acrópolis, donde formaron una sociedad que apreció la belleza, la verdad y el orden sobre todo lo demás.

▲ Estas figuras, llamadas cariátides, sostienen parte del pórtico del Erecteo, templo de la Acrópolis erigido en honor de los dioses Atenea y Poseidón, y de Erecteo, legendario rey de Atenas.

► El Partenón domina la Acrópolis. Ha tenido muchos usos: en el siglo V fue templo cristiano, y mezquita en el XV. Después se usó como almacén de pólvora, y una explosión en 1687 causó en él grandes estragos.

Fortaleza y santuario

La Acrópolis era en tiempos de guerra una fortaleza natural, y en tiempos de paz el lugar donde los atenienses desarrollaban su vida social, política y religiosa. Los arqueólogos han descubierto que estuvo en uso continuo como aldea o santuario desde antes de 650 a.C. En el periodo clásico (460-330 a.C.), tres templos se construyeron sobre las ruinas de otros. El más importante es el Partenón, erigido por el estadista Pericles (495-429 a.C.), dedicado a la protectora espiritual de la ciudad, la diosa Atenea.

El Partenón

Construido con el más fino mármol y originalmente pintado con brillantes colores, el Partenón se convirtió en el emblema de la civilización clásica griega. En la parte superior, un friso tallado representa una procesión de un gran festival en honor de Atenea realizado cada cuatro años. Mediante el estudio de sus detalles, los arqueólogos pueden reconstruir la vida, el culto religioso y las ceremonias de la Grecia del siglo V a.C.

Más allá de Atenas

En la antigua Grecia hubo muchos otros templos. Uno de los más importantes fue el templo de Apolo, "el radiante", en Delfos. Iniciadas las excavaciones en 1893, los objetos encontrados demostraron que los griegos veneraban a Apolo como la luz de la razón y el orden, lo opuesto a la oscuridad del caos y la ignorancia. También creían que Delfos era el centro u "ombligo" del mundo. Allí, las sacerdotisas predecían el futuro con enigmas. La inspección geológica moderna indica que quizás emitían sus predicciones en estado de trance, al que llegaban gracias a gases alucinógenos que se desprendían de las rocas.

▼ Partes del friso del Partenón fueron retiradas por lord Elgin (1766-1841) en el siglo XIX y vendidas al Museo Británico de Londres, Inglaterra, donde han permanecido más de 200 años. El gobierno griego ha solicitado repetidamente su devolución, y espera albergarlas algún día cerca de la Acrópolis.

El ejército de terracota

▲ Qin Shi Huangdi fue un emperador cruel que impuso violentamente su autoridad, Aquí aparece ejecutando a sabios.

Durante más de 2.000 años, los valles en torno al Monte Li, cerca de la actual Xi'an, China, guardaron un increíble secreto que salió a la luz por casualidad en 1974. Campesinos que cavaban pozos hallaron fragmentos de figuras de soldados de terracota de tamaño natural. Los arqueólogos excavaron el yacimiento. En una serie de antiguas fosas que habían permanecido inalteradas desde 200 a.C., encontraron un ejército de terracota de 7.500 guerreros, caballos y carros bélicos de tamaño natural.

Vigilancia permanente

Las estatuas del Monte Li estaban allí para proteger al primer emperador de China, Qin Shi Huangdi (259-210 a.C.), en su viaje al más allá. Este emperador gobernó con mano dura, y fue muy temido. Incluso tirar basura en la capital, Luoyang, podía castigarse con azotes o elevadas multas. Sin embargo, sus reformas beneficiaron a los campesinos.

▲ En un campo cerca de Xi'an, en el centro-norte de China, se alza el montículo sepulcral del emperador. Se dice que contiene fabulosos tesoros, pero también trampas para quienes osen entrar.

◄ Las figuras del ejército de terracota parece que realmente esten listas para luchar en defensa del difunto emperador. Estaban pintadas según los colores de su pelotón, pero con el tiempo su color se volvió gris.

Las hazañas del emperador

Durante su reinado, Qin Shi Huangdi mejoró los sistemas agrícola y de caminos, y unificó la moneda y la escritura. Su próspero imperio, en particular en su frontera norte, fue habitual blanco de ataques de tribus nómadas. Como estos enemigos no tenían aldeas permanentes que invadir y destruir, era imposible vencerlos. La única solución fue no dejarlos entrar. Qin Shi Huangdi ordenó la construcción de la Gran Murralla China, inmensa barrera defensiva. Terminada siglos después, cubría toda la frontera norte del imperio, de casi 2.500 km.

► Arqueólogos chinos dejan lenta y esmeradamente al descubierto una hilera de estatuas ocultas durante más de 2.000 años. Ponen especial cuidado en no dañarlas al retirar la tierra que las cubre.

Atención al detalle

El detenido estudio de estas estatuas indicó que no había dos iguales. Cada una fue esculpida a partir de un modelo distinto, y en conjunto mostraban, con pasmoso detalle, cómo fue el ejército imperial de aquella época. La cabeza y el cuerpo de los soldados eran huecos, pero las piernas no, para soportar el peso. Así como habían servido al emperador en vida, guardaban su tumba y lo protegían en la muerte. Por eso se les pertrechó con armas de verdad. Asombrosamente, cuando arqueólogos chinos las examinaron, descubrieron que muchas cuchillas aún tenían filo.

El enigma de la tumba

Aunque ya se excavaron las fosas sepulcrales del ejército de terracota, son apenas una parte de una vasta necrópolis ("ciudad de los muertos") dentro del Monte Li, que también incluye un palacio y un templo. Hasta ahora, la tumba del emperador ha permanecido intacta. Se dice que contiene tesoros fabulosos; ríos de mercurio, esculturas de oro y plata, objetos decorativos de jade y piedras preciosas, y muchos más. Pero también que esconde grandes peligros: trampas mortales y ballestas cargadas hace 2 mil años, listas para disparar a quien se atreva a perturbar la última morada del gran soberano.

► Qin Shi Huangdi empezó a preparar su vida en el otro mundo mucho antes de su muerte en 210 a.C. Fuentes históricas revelan que cerca de 700.000 hombres fueron reclutados para construir el montículo sepulcral. Alrededor de la tumba hay al menos cuatro grandes fosas que contienen a los guerreros de terracota. La número uno, mostrada aquí, contiene 6.200 soldados. Miembros del ejército imperial sirvieron como modelos; las figuras incluyen soldados de caballería, infantería, arqueros y cuadrigas.

Pompeya

▲ De la vida en Pompeya quedaron incluso los más ínfimos detalles, desde estos huevos y cascarones hasta hogazas de pan tal vez horneadas el día de la erupción.

Para los habitantes de Pompeya, el 24 de agosto de 79 d.C. comenzó como cualquier otro día. Cuando despertaron, no sabían que su vida terminaría pronto y que la ciudad sería sepultada por ceniza volcánica. Horas después el Vesubio hizo erupción. Los residentes quedaron sepultados por lava y piedras, asfixiados por el calor. Pero las cenizas también preservaron la ciudad anclándola en el tiempo durante más de 1.700 años.

La apertura de la cápsula del tiempo

La sistemática excavación de Pompeya y la cercana Herculano (que sufrió una suerte similar) empezó en 1860. Coloridos murales salidos a la luz bajo el polvo exhiben el lujo y la comodidad de que disfrutaban los prósperos ciudadanos romanos. Compraban en mercados rebosantes de frutas, verduras y pescados; vestían finas telas, y vivían en hermosas casas, muchas de ellas construidas en torno a un elegante patio central.

Diversión

Los edificios públicos desenterrados en Pompeya indican que a sus habitantes les gustaban los espectáculos y diversiones públicas de todo tipo. En la palestra o gimnasio, por ejemplo, asistían a competencias deportivas, mientras que en el cercano anfiteatro presenciaban sangrientas contiendas entre gladiadores y animales salvajes. Iban al teatro y acudían a baños públicos, donde conversaban apaciblemente.

▼ Ruinas como estas de la Casa de Fauno permiten que nos hagamos una idea de las casas pompeyanas. Al frente se ve un muy trabajado suelo de mármol.

◄ Esta conmovedora escultura, rellenada de yeso, de un pompeyano en los últimos momentos de su vida muestra el terror de aquellas personas al agazaparse con la esperanza de escapar a la ceniza y el calor.

► En esta vista aérea de la actual Pompeya se puede ver al fondo el pacífico perfil del Vesubio sobre la ciudad.

Esculturas de temor

Los últimos minutos de los habitantes de Pompeya fueron increíblemente terribles. El autor romano Plinio el Joven, que presenció la tragedia, escribió: "Se oían alaridos de mujeres y niños, y gritos de hombres. Unos pedían morir, y otros suplicaban ayuda a los dioses". El mundo pareció hundirse para siempre en la oscuridad. Los arqueólogos han devuelto vida a esos últimos y espantosos momentos rellenando de yeso las cavidades dejadas por los cuerpos en la ceniza volcánica, de donde han surgido impresionantes esculturas de hombres, mujeres, niños y animales.

Fotografía de un vasto Imperio

Los trabajos en Pompeya y Herculano son las excavaciones urbanas más completas hasta hoy. Nos dicen mucho sobre todos los aspectos de la vida en esas ciudades. En Europa y el norte de África hay miles de ruinas romanas; Pompeya nos ayuda a entenderlas un poco más.

▲ En todo su imperio, los romanos construyeron prósperas ciudades como Pompeya. Grandes proezas de ingeniería lo hicieron posible; este acueducto, el Pont du Gard de Francia, es sólo un ejemplo. Los acueductos proveían de abundante agua a los habitantes de las urbes romanas.

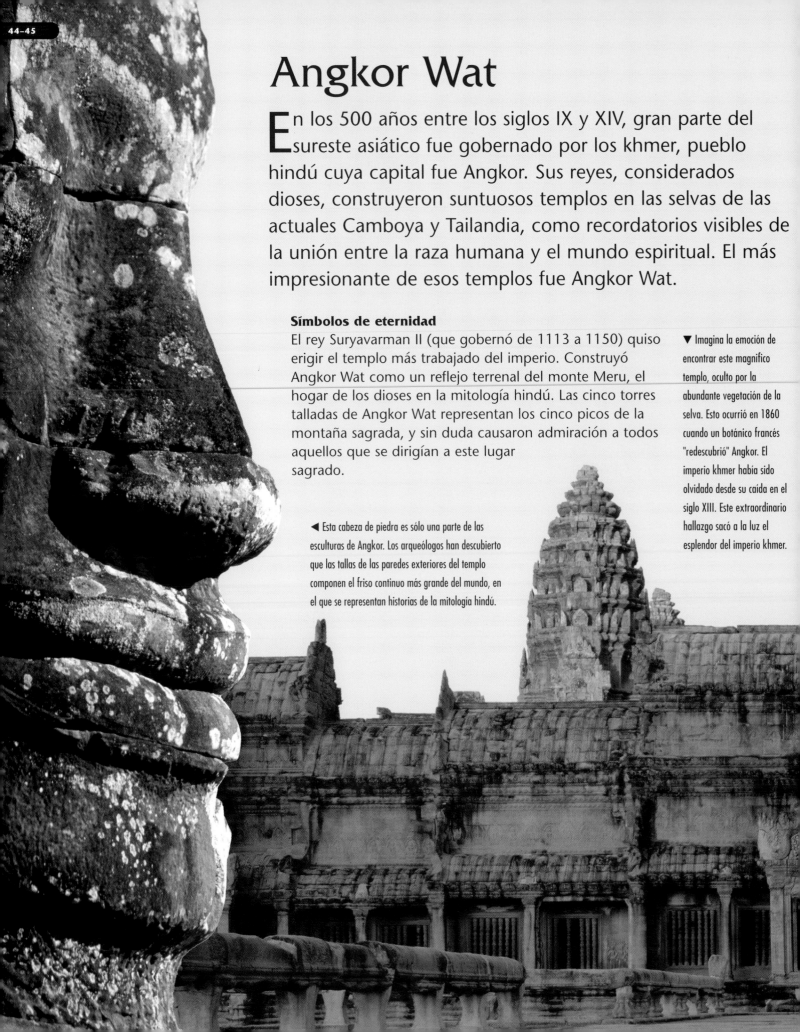

Angkor Wat

En los 500 años entre los siglos IX y XIV, gran parte del sureste asiático fue gobernado por los khmer, pueblo hindú cuya capital fue Angkor. Sus reyes, considerados dioses, construyeron suntuosos templos en las selvas de las actuales Camboya y Tailandia, como recordatorios visibles de la unión entre la raza humana y el mundo espiritual. El más impresionante de esos templos fue Angkor Wat.

Símbolos de eternidad

El rey Suryavarman II (que gobernó de 1113 a 1150) quiso erigir el templo más trabajado del imperio. Construyó Angkor Wat como un reflejo terrenal del monte Meru, el hogar de los dioses en la mitología hindú. Las cinco torres talladas de Angkor Wat representan los cinco picos de la montaña sagrada, y sin duda causaron admiración a todos aquellos que se dirigían a este lugar sagrado.

◀ Esta cabeza de piedra es sólo una parte de las esculturas de Angkor. Los arqueólogos han descubierto que las tallas de las paredes exteriores del templo componen el friso continuo más grande del mundo, en el que se representan historias de la mitología hindú.

▼ Imagina la emoción de encontrar este magnífico templo, oculto por la abundante vegetación de la selva. Esto ocurrió en 1860 cuando un botánico francés "redescubrió" Angkor. El imperio khmer había sido olvidado desde su caída en el siglo XIII. Este extraordinario hallazgo sacó a la luz el esplendor del imperio khmer.

Un modelo del universo

La ciudad de Angkor estaba atravesada por una compleja red de canales de irrigación que suministraban agua potable e inundaban los arrozales circundantes. El recinto principal estaba rodeado por un foso gigantesco cruzado por una calzada cuyas balaustradas estaban talladas en forma de serpientes, en representación de la fertilidad del universo. Este sistema de canales fue diseñado para ser práctico y reflejar la creencia religiosa de que el monte Meru estaba cercado por un vasto océano. Los arqueólogos han tomado medidas exactas del templo y demostrado que se le erigió para simbolizar los movimientos del sol y la luna. Así, Angkor Wat sigue el modelo del universo.

▲ Angkor Wat es un enorme complejo religioso rodeado por murallas y un foso de 180 m de ancho y 4 km de largo. El templo tiene por modelo el universo y representa los movimientos de los cielos. El santuario y sus cinco adornadas torres centrales son perfectamente visibles en esta toma aérea.

Vida cotidiana

Las esculturas del templo también nos dicen mucho sobre la vida cotidiana de los khmer: los presentan trabajando y jugando, preparando la comida, cazando o cuidando a sus animales. Evidencias de este yacimiento indican que el complejo central se usaba como eje religioso y administrativo, residencia de la familia real y la corte. Los labriegos vivían en los campos, en chozas de bambú construidas sobre pilotes, y mantenían a su familia criando ganado en sus parcelas.

Un pueblo en guerra

La civilización khmer pagó un precio. Su supremacía en la región se sostenía con la fuerza de las armas, y las esculturas del templo muestran a reyes y soldados de camino a la batalla sobre elefantes preparados para combatir. Sus colmillos se reforzaban con afiladas puntas de metal, diseñadas para infligir el máximo daño al enemigo al tiempo que los jinetes-arqueros descargaban una mortal lluvia de flechas sobre el ejército contrario. Estas escenas de guerra talladas en silenciosa piedra son todo lo que queda de un poderoso imperio.

Cahokia

Hace mil años, cazadores que viajaran por el actual valle central del río Mississippi, Estados Unidos, se habrían topado con una vista extraordinaria. Sobre las llanuras se alzaba un ordenado conjunto de casas de madera y adobe en torno a un gigantesco montículo de 30 m de alto. A los viajeros quizá les habría parecido una metrópolis moderna, y en cierta forma lo era.

▲ Antes del desarrollo de la cultura del Mississippi, en la región floreció una cultura indígena americana, la cultura hopewell, entre 200 a.C. y 500 d.C. Esta piedra ornamental hopewell contiene el símbolo de una mano.

Un pueblo comerciante

Cahokia fue la más refinada ciudad prehistórica al norte de México, y en su apogeo (1100-1250) alojó entre 10.000 y 20.000 personas. Mercaderes itinerantes contribuyeron a difundir la así llamada *cultura del Mississippi* en una amplia zona, desde la costa del Golfo en el sur, hasta los Grandes Lagos en el norte, y desde la costa atlántica en el este, hasta la actual Oklahoma en el oeste.

Vida diaria

En su esplendor, Cahokia rebosaba de vida. Hombres y mujeres cultivaban las tierras circundantes, donde sembraban calabaza, girasol y maíz, mientras que otros pescaban y cazaban para abastecer a la comunidad. Cuando no trabajaban, cantaban y bailaban, y como lo demuestran las pruebas arqueológicas, jugaban a los dados.

La aldea era gobernada por un jefe al que se creía hermano del Sol y tenía poder espiritual. Bajo él se encontraban los miembros de su familia. Sus amigos también ejercían autoridad. Estas personas formaban una clase superior separada de la gente común.

La gran cerca

En el centro de la aldea había una cerca protectora de madera de 3 km de largo. Durante mucho tiempo los arqueólogos creyeron que desempeñaba una función puramente social de separación de la clase alta. Pero análisis recientes han demostrado que su principal uso era proteger al poblado contra ataques.

▲ El gran Montículo de la Serpiente, en Ohio, es el más bello de los montículos de efigie de Estados Unidos y fue erigido hace 2.000 años. No se han encontrado esqueletos en él, prueba de que no fue un sitio funerario, sino una estructura ritual. Las ondulaciones del lomo de la serpiente están alineadas con los rayos solares en temporadas clave del año.

Los montículos

El aspecto más peculiar de la ciudad de Cahokia es una serie de más de cien montículos. Se desconoce su propósito exacto, aunque algunos se usaron con fines funerarios y otros para sostener casas elevadas del suelo. El más grande, conocido como el Montículo del Monje, está situado en el centro del poblado. En lo alto, fuegos sagrados ardían día y noche en honor a los dioses. En la zona existen otros montículos más pequeños. En Moundville, Alabama, se han hallado montículos sepulcrales con gran cantidad de objetos.

▼ Las casas de Cahokia estaban ordenadas en hileras alrededor de una plaza abierta. Tenían techos a dos aguas rematados con magníficas cabezas de animales tallados. En su día, esta ciudad fue uno de los grandes centros urbanos del continente. No solo tenía casas ordinarias, sino también estructuras de uso comunitario, como salas de reuniones, graneros y recintos similares a baños sauna.

Reinos de África occidental

Quienes visitan la bulliciosa ciudad industrial de Ife, Nigeria, quizás ignoren la existencia de una ciudad bajo sus pies. Durante cientos de años esta ciudad fue desapareciendo de la vista, sepultada bajo sucesivas capas de construcciones. Pero si las ruinas de esa antigua urbe pudieran hablar, nos contarían la historia de una gran civilización que floreció durante más de tres siglos, desde el siglo XII. Ife y Benin fueron entonces los centros de importantes reinos selváticos del África occidental. Estos yacimientos están repletos de objetos que permiten al pasado hablarnos hoy.

▲ La naturaleza devora rápidamente las pruebas del pasado. Aquí las ruinas de la antigua ciudad de Benin y de sus fortificaciones del siglo XIII han sido cubiertas por la densa vegetación.

Una capital religiosa

Ife era la capital del reino yoruba, sede espiritual de una nación a cuyos gobernantes se los creía dioses. Según la tradición fue fundada en 1300 por Oduduwa, su primer oni o rey mitológico. Cuando un rey moría, se fundían máscaras con sus rasgos exquisitamente trabajadas en hierro, cobre o bronce, y la gente las llevaba creyendo que, así, el rey lo seguiría ayudando a superar sus dificultades. Hoy sobreviven muchos de esos bellos y misteriosos objetos.

La vida de todos los días

La población de Ife y Benin criaba ganado y sembraba cultivos en las fértiles llanuras del África occidental. El aceite de las palmeras se usaba no solo para cocinar, sino también como ofrenda a Ogun, el dios guerrero de la orfebrería. Se han descubierto templos a Ogun en el palacio real de Ife, junto con máscaras que representan el espíritu chocarrero Eshu, el mensajero de los dioses. Esculturas de reyes, reinas, dioses y diosas señalan el desarrollo religioso y artístico de esos reinos.

▶ Cuando los exploradores portugueses llegaron al oeste de África en el siglo XV, Ife estaba en decadencia, eclipsada por los reinos vecinos de Benin y Oyo. Máscaras como esta, de Benin, representaban a dioses y reyes y fueron una expresión del poder y misterio de la corte real. A veces se colocaban en altares durante rituales religiosos o se usaban en ceremonias de la corte.

◀ En esta placa de bronce, descubierta en el palacio real de Benin, el oba, o rey, aparece con dos guerreros a su lado portando lanzas. La monarquía de Benin estaba emparentada con la de Ife; según la tradición, el oba de Benin descendía de Oduduwa, el fundador de Ife. Ambas ciudades tuvieron majestuosos palacios y santuarios.

▲ Gertrude Caton-Thompson (1888-1985) inició excavaciones en el Gran Zimbabwe en 1929. Ella probó que este había sido un gran lugar para la cultura africana en los siglos XI a XIV.

El Gran Zimbabwe

Hacia la misma época, cientos de kilómetros al sureste de Ife y Benin, había otra civilización que fascinó a los arqueólogos. Las ruinas del Gran Zimbabwe, inmenso recinto de piedra o *zimbabwe* que alguna vez alojó una ciudad palaciega, fueron excavadas a principios del siglo XX por la arqueóloga inglesa Gertrude Caton-Thompson. En ese tiempo muchos europeos creían que esta cultura africana había recibido influencia de exploradores y viajeros europeos, en especial portugueses. El estudio de Caton-Thompson de objetos que descubrió en el sitio demostró lo contrario.

▲ La pared de piedra que rodeaba al Gran Zimbabwe es la más grande entre las paredes de uso similar en el sureste africano. Durante muchos años la pregunta acerca de quién la construyó fue un misterio. Ahora se cree que fue obra del pueblo shona.

El Templo Mayor de los aztecas

Los aztecas se establecieron en la actual ciudad de México en el siglo XII, tras la caída de la civilización tolteca. A principios del siglo XIV fundaron la ciudad de Tenochtitlan, erigida en un islote. En 400 años conquistaron muchos pueblos y levantaron un rico, poderoso y temible imperio, cuyo centro era Tenochtitlan. El corazón de la ciudad y eje de su vida era a su vez el Templo Mayor.

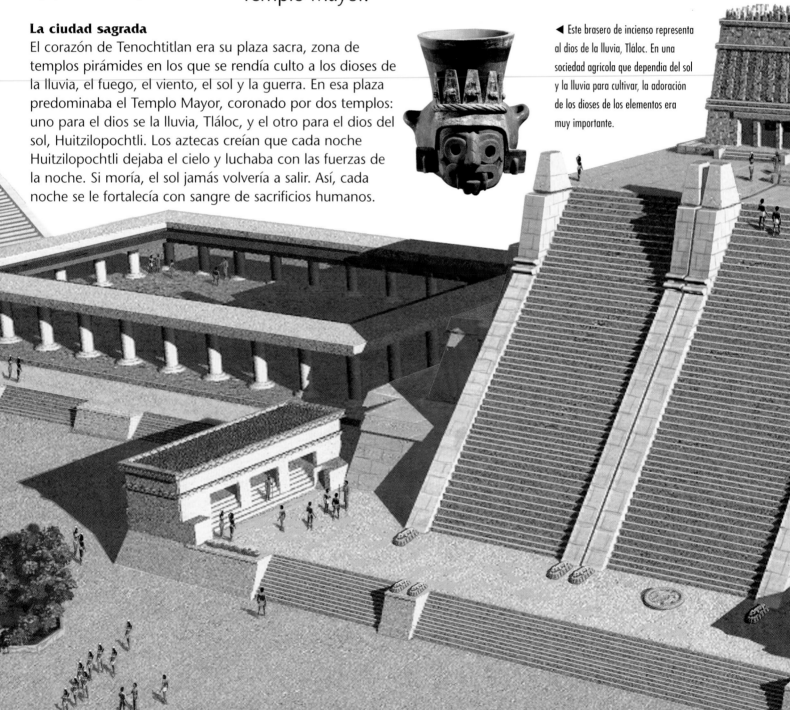

▲ Los aztecas escribieron su historia, sino que la registraron con un sistema de imágenes en libros llamados códices. En muchos de ellos aparecen el Templo Mayor y los sacrificios rituales que se realizaban allí.

La ciudad sagrada

El corazón de Tenochtitlan era su plaza sacra, zona de templos pirámides en los que se rendía culto a los dioses de la lluvia, el fuego, el viento, el sol y la guerra. En esa plaza predominaba el Templo Mayor, coronado por dos templos: uno para el dios se la lluvia, Tláloc, y el otro para el dios del sol, Huitzilopochtli. Los aztecas creían que cada noche Huitzilopochtli dejaba el cielo y luchaba con las fuerzas de la noche. Si moría, el sol jamás volvería a salir. Así, cada noche se le fortalecía con sangre de sacrificios humanos.

◄ Este brasero de incienso representa al dios de la lluvia, Tláloc. En una sociedad agrícola que dependia del sol y la lluvia para cultivar, la adoración de los dioses de los elementos era muy importante.

Esplendor y caída

Por todas partes corrió el rumor de la riqueza de Tenochtitlan. Se hablaba de sus mercados, cosechas, joyas y ornamentos. En 1519 esas historias atrajeron al conquistador español Hernán Cortés (1485-1547). Lo que él y su pequeño ejército vieron al aproximarse a la ciudad los dejó boquiabiertos: una deslumbrante vista de edificios rodeados por un lago azul. Cortés y el emperador azteca, Moctezuma II (1480-1520), mantuvieron buenas relaciones durante un tiempo; pero después los conquistadores sitiaron Tenochtitlan, saquearon sus tesoros y la destruyeron. Cortés estableció su capital, la ciudad de México, en el mismo sitio.

▶ En esta fotografía se ha sobrepuesto la figura del Templo Mayor en una vista actual de la ciudad de México. Durante años se creyó que los españoles habían construido su catedral sobre la cima del templo cuando demolieron Tenochtitlan. Pero este se descubrió en 1978 sepultado por la ciudad a un costado de la Catedral Metropolitana.

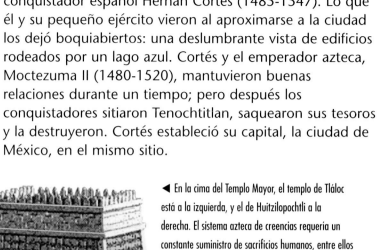

◀ En la cima del Templo Mayor, el templo de Tláloc está a la izquierda, y el de Huitzilopochtli a la derecha. El sistema azteca de creencias requería un constante suministro de sacrificios humanos, entre ellos los nocturnos a Huitzilopochtli. Con frecuencia las víctimas eran prisioneros de guerra, a los que se apuñalaba con dagas rituales para ofrendar al dios su corazón, aún palpitante. La sangre se recogía en recipientes especiales. Los cráneos de los muertos se exhibían después en un altar en la base del templo.

Descubrimiento del Templo Mayor

Trabajadores que excavaban túneles en 1978 para una línea del Metro de la ciudad de México hallaron algo inusual: un disco de piedra tallada en el que se representaba el cuerpo desmembrado de una mujer. Los arqueólogos la identificaron como Coyolxauhqui, la diosa azteca de la luna. Este descubrimiento confirmó que debajo de él estaban los restos del Templo Mayor, sepultado durante casi 500 años. El gobierno protegió el sitio y emprendió excavaciones sistemáticas. En cinco años se desenterraron más de 6.000 objetos preciosos. La conservación de buena parte del templo era notable; a medida que los arqueólogos retiraban los escombros, el Templo Mayor emergía con todo su esplendor.

El buque de guerra *Mary Rose*

El 11 de octubre de 1982, más de 60 millones de personas vieron por televisión un emocionante suceso arqueológico. Ese día se transmitió en vivo una histórica operación de rescate submarino: la salida a la superficie de parte de un buque de guerra inglés del siglo XVI que había permanecido en el fondo del mar más de 400 años, tras hundirse en el verano de 1545. Este momento estremecedor fue compartido por una audiencia mundial al emerger el *Mary Rose* de las profundidades.

▲ Tras limpiar la arena y el cieno del casco del buque de guerra, se colocó en un soporte de acero para que esta enorme grúa flotante lo sacara del mar.

▼ Una vez de vuelta a la superficie, el casco del *Mary Rose* se depositó en un muelle seco construido para la ocasión. Allí se roció constantemente con agua dulce fría para preservar sus maderos; si se los dejara secar, se pudrirían. El barco también fue recubierto con una solución química especial.

Orgullo de la armada

El *Mary Rose* fue construido en Portsmouth, Inglaterra, por órdenes del rey Enrique VIII (que gobernó de 1509 a 1547). Su aportación a la armada real era que poseía potencia de fuego para alcanzar a navíos enemigos así como maniobrabilidad para acercarse a ellos para que los marineros los abordaran. La estructura de madera conservada, con sus tres líneas de cañones, y un cañón de bronce y otras piezas de artillería halladas en el fondo del mar muestran la tecnología de construcción naval de los Tudor y las tácticas de la guerra naval.

Redescubrimiento

Se sabe por documentos históricos que el *Mary Rose* se hundió en el Solent, un estrecho frente al puerto de Portsmouth. Pero la ubicación exacta se desconocía hasta 1971, cuando el destrozado casco fue descubierto en el fondo del mar. En los 10 años posteriores los arqueólogos realizaron excavaciones submarinas para eliminar el cieno de los restos y exponer los maderos del buque. Voluntarios instruidos realizaron miles de inmersiones. También recuperaron objetos de la tripulación del barco, entre ellos enseres personales como un silbato, un rosario y un peine.

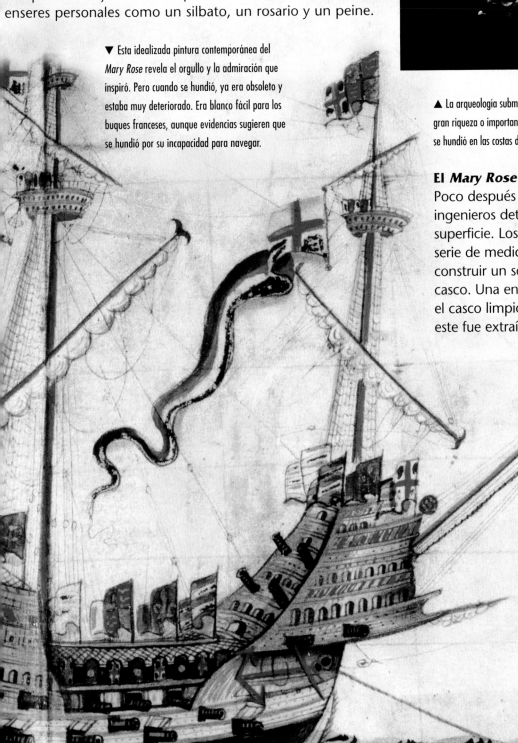

▼ Esta idealizada pintura contemporánea del *Mary Rose* revela el orgullo y la admiración que inspiró. Pero cuando se hundió, ya era obsoleto y estaba muy deteriorado. Era blanco fácil para los buques franceses, aunque evidencias sugieren que se hundió por su incapacidad para navegar.

▲ La arqueología submarina puede ser muy complicada, pero suele ofrecer descubrimientos de gran riqueza o importancia. Este buzo ha recuperado jarras de barro del Glass Wreck, barco que se hundió en las costas de Turquía en el siglo XI con más de 200 piezas de cristalería a bordo.

El *Mary Rose* a flote

Poco después de descubiertos los vestigios, los ingenieros determinaron que era posible sacarlos a la superficie. Los arqueólogos submarinos efectuaron una serie de mediciones para que los ingenieros pudieran construir un soporte especial de acero al que transferir el casco. Una enorme grúa flotante se usó para trasladar el casco limpio del fondo del mar al soporte, y después este fue extraído del océano con su preciosa carga.

¿La última pista?

En 2003, los arqueólogos encontraron cerca del barco una pieza de madera de 5 m de largo, que podría ser la sección frontal de la quilla. Si las pruebas confirman que la antigüedad y condición de esa pieza coinciden con las del casco, habrían hallado el último fragmento del buque. Los arqueólogos dispondrían de una sección transversal completa de un buque de guerra de la época Tudor.

Arqueología de campos de batalla

Los campos de batalla pueden ser lugares reveladores. Armas y municiones, uniformes y armaduras descubiertos muchos años después muestran la realidad de los combates. Relatos de testigos y otros registros históricos podrían mostrarnos versiones contradictorias. ¿Cómo deducir la verdadera? La arqueología puede ayudarnos a ello, pues nos devuelve al lugar de los hechos para ver sus secretos.

▲ Napoleón (1769-1821) aparece retratado aquí a la cabeza de su ejército. En la ruta de su retirada de Rusia a Francia, se han hallado pruebas de las penurias que sufrieron sus soldados.

A la carga

La tarde del 25 de junio de 1876, las márgenes del río Little Bighorn de Montana, Estados Unidos, fueron calcinadas por un sol abrasador. Al caer la noche, habían presenciado trágicos y sangrientos combates. El general Custer (1839-1876), del séptimo batallón de caballería de Estados Unidos, había dirigido hacia allí a sus hombres por última vez. Aquella fue la Batalla de Little Bighorn, o "la última batalla de Custer".

¿Última batalla?

Ese enfrentamiento formó parte de una serie de batallas en las décadas de 1860 y 1870 entre el ejército estadounidense y los ejércitos de pueblos indígenas, producto del avance de colonizadores sobre los territorios nativos tradicionales. En 1983 se realizó una amplia inspección del campo de batalla de Little Bighorn, después de que un incendio accidental despejara inesperadamente el terreno. Se descubrieron así más de 2.000 artefactos de esa batalla, desde cartuchos y balas hasta restos humanos.

◄ El general George Armstrong Custer ha sido descrito como un gran héroe estadounidense, pero evidencias arqueológicas sugieren que su pericia en el campo de batalla era limitada.

La versión de las armas

Según la distribución de los casquillos, el análisis de las armas y la posición de los cadáveres, los arqueólogos determinaron dónde se dispararon armas y cómo se desplazaron los soldados. Esto demostró que los hombres de Custer no se enfrentaron al enemigo en una batalla feroz, sino que en realidad huyeron de sus atacantes.

Un ejército perdido

La arqueología no cesa de hacer revelaciones sobre batallas. En 2002, en Vilnius, Lituania, se descubrieron cientos de esqueletos en lo que aparentemente era una fosa común. Los análisis indicaron que databan de principios del siglo XIX. Fragmentos de uniformes, botones de metal y medallas fecharon la sepultura con mayor precisión. Aquellos eran los restos de parte del ejército perdido de Napoleón.

En 1812, Napoleón ya había conquistado gran parte de Europa. Ese año planeaba conquistar Rusia. Pero el proyecto fracasó y el ejército francés debió retirarse al llegar el invierno. Fatiga, frío y hambre dieron muerte a muchos soldados. Ninguno de los sepultados en Vilnius, una de sus escalas, parece haber muerto en batalla.

Campos de batalla de la Primera Guerra Mundial

Millones de soldados combatieron y murieron en trincheras europeas en la Primera Guerra Mundial (1914-1918). Aún hay supervivientes de esos sucesos. Pero para las generaciones futuras las pruebas arqueológicas serán un

▲ Trincheras cavadas durante la Primera Guerra Mundial fueron durante meses el hogar de tropas, como estos soldados estadounidenses en Verdún, Francia. Los campos de batalla aún están repletos de objetos que brindan información sobre qué hacían los soldados mientras se preparaban para la batalla.

medio de reconstruir la vida en las trincheras. Los lugares de algunas grandes batallas, como Ypres, Verdún, el río Somme y Passchendale, aún tienen evidencias de guerra.

La arqueología de campos de batalla también puede mostrar historias olvidadas. Excavaciones de fines de los 90 descubrieron pruebas de un sistema de trincheras de la Primera Guerra Mundial en Bosinghe, Bélgica. Se hallaron además los restos de más de 120 soldados, lo que mostró un campo de batalla ya olvidado por la Historia.

▼ Los ejércitos de los pueblos sioux, cheyenne y arapajoes, fieros y avispados en la batalla, vencieron fácilmente a los hombres de Custer. Provistos no solo de sus armas tradicionales, sino también de más avanzados y novedosos rifles semiautomáticos, lograron ahuyentar al séptimo batallón de caballería.

La ciudad de Londres

La actual ciudad de Londres es uno de los mayores centros financieros y comerciales del mundo. En ella han florecido sucesivas civilizaciones. Construida y reconstruida varias veces, es una ciudad de muchas capas arqueológicas. Algunas pruebas de su pasado se perciben a simple vista, pero la excavaciones han permitido descubrir un caudal de evidencias que nos cuentan la fascinante historia de la ciudad y su gente.

▲▶ La elegante cúpula de la catedral de San Pablo (arriba a la izquierda), construida entre 1675 y 1710 después del gran incendio de Londres, se alza junto a modernos edificios de oficinas y comercios. Debajo de la ciudad hay muchos más restos de la larga historia de Londres.

▼ En Londres hay multitud de objetos de la época romana. Los arqueólogos han desenterrado tesoros del siglo I como barriles, piezas de cristalería fina, joyas, loza y una tablilla en la que se registra la venta de una esclava, Fortunata, hacia los años 80-120. Objetos de siglos más recientes incluyen un cúmulo de monedas de oro emitidas para pacientes de hospitales por el rey Enrique VIII.

La Londinium romana

La zona que hoy ocupa Londres fue campo en otro tiempo, y hay pruebas de aldeas agrícolas que se remontan a hace 15.000 años. Las capas más profundas (y antiguas) de la ciudad son romanas y datan del siglo I d.C. Los romanos fueron los primeros en construir un puente sobre el río Támesis, y erigieron la ciudad como un centro comercial de su imperio. Los arqueólogos han excavado muchos yacimientos romanos y descubierto vestigios de baños públicos, templos y casas. Han desenterrado cientos de pequeños objetos, entre ellos, en 2003, ¡un frasco de crema facial con las huellas digitales de su propietario aún visibles!

La Londres medieval

Los romanos se fueron en 410, tras la caída de su imperio. La zona permaneció abandonada cientos de años, pero en el siglo IX Londres se convirtió en un centro anglosajón, después vikingo y más tarde, normando. Para el siglo XIV, ya era la capital de Inglaterra. Sus vigorosos artesanos, desde orfebres hasta carniceros y elaboradores de campanas, dejaron innumerables rastros de sus actividades. Con la reina Isabel I (que gobernó de 1558 a 1603), Londres prosperó aún más, convirtiéndose en una bulliciosa ciudad comercial y de diversión. Los arqueólogos han descubierto los restos del Teatro Rose, donde se estrenaron algunas de las obras de William Shakespeare.

El gran incendio

El 2 de septiembre de 1666, un incendio iniciado en una panadería ubicada en una callejuela medieval se extendió rápidamente a las casas de madera contiguas. Cuatro días después había destruido más de 13.000 casas y 87 iglesias. Las excavaciones en esa área tienen por lo general sedimento de carbón y barro calcinado que se asocia con el incendio.

Una moderna ciudad vertical

Londres fue reconstruida después del gran incendio. El trazo urbano establecido tras el incendio, con calles amplias y plazas espaciosas en sustitución de las estrechas callejas medievales, fue la base de la Londres moderna. Hoy, en el corazón de la ciudad, los rascacielos se elevan por encima de los edificios públicos construidos tras el incendio. Y al cavar los cimientos de nuevas construcciones, aparecen diversas capas del pasado: una pipa de arcilla procedente de una cafetería del siglo XVIII, el casco de un soldado de la guerra civil inglesa del siglo XVII, una escultura del dios romano Mitra o una punta de hacha de pedernal de una época que apenas podemos imaginar.

▼ En la Londinium del siglo IV, los comerciantes acaudalados vivían en espléndidas residencias decoradas. La acera de Bucklersbury, un piso de mosaico hallado cerca del Banco de Inglaterra, es un buen ejemplo de ello. Esa zona del corazón de Londres ha sido durante siglos el centro de la actividad comercial.

SUMARIO DEL CAPÍTULO 2: TOCAR EL PASADO

La emoción de descubrir

Las personas desaparecen, pero sus objetos permanecen. Casas, ciudades y monumentos erigidos por seres humanos pueden perdurar miles de años. A veces esas construcciones resisten el paso de los siglos, pero en ocasiones están muy desgastadas u ocultas bajo la vegetación o estructuras posteriores. En este capítulo hemos mostrado los secretos de algunos de los yacimientos más interesantes y famosos del mundo. Esos lugares han fascinado a generaciones de arqueólogos.

Algunos han tenido la fortuna de descubrir lugares célebres y experimentar la emoción de ser los primeros en poner los ojos en algo que había permanecido escondido durante siglos. Otros han examinado más

Escudo azteca de plumas (1466-1520) que representa a un animal acuático mitológico.

detenidamente yacimientos que ya habían sido excavados. Todos han compartido la emoción de contribuir a nuestro conocimiento de la vida en épocas pasadas.

Cada vez más pistas

Los yacimientos arqueológicos contienen todo tipo de pistas que ayudan a los arqueólogos a hacerse una idea de las personas que vivieron en ellos y su modo de vida. Los jarrones hallados en la tumba de Tutankamón, los alimentos y dibujos preservados en Pompeya, los artículos personales de los marineros del Mary Rose y las municiones usadas en el campo de batalla de Little Bighorn son tan reveladores como los más espectaculares edificios. Quizá cerca de tu casa haya un lugar en el que se hayan descubierto objetos importantes en el pasado de tu región.

Si vas a un museo encontrarás toda clase de datos interesantes reunidos por los arqueólogos. ¿Y qué decir de los objetos que usas y desechas? Quizás algún día, en el futuro, un arqueólogo los estudie. ¿Qué historias le contarán?

Ve más allá...

 Descubre la lista de los lugares Patrimonio de la Humanidad:

http://whc.unesco.org/heritage.htm#debut

 Historiador de arquitectura
Estudia los estilos y la construcción de edificios antiguos.

Restaurador
Se especializa en la preservación de objetos antiguos, desde frescos y muebles hasta palacios y templos.

Vigilante Controla galerías y sitios arqueológicos para evitar daños o robos, y consigue nuevas exposiciones que el público pueda visitar.

Realizador de documentales
Recrea el pasado en el cine o la televisión.

 Visita el Museo de Londres para hacer un "vaje en el tiempo", explorando Londres desde sus orígenes hasta nuestros días: www.museumoflondon.org.uk

Observa el *Mary Rose*: www.maryrose.org

Explora la Acrópolis en el Museo de la Acrópolis, Atenas, Grecia: www.culture.gr/2/21/211/21101m/e211am01.html

Glosario

a.C.
Antes de Cristo, o antes de nuestra era.

acueducto
Estructura parecida a un puente construida para trasladar agua.

ADN
Sustancia química presente en todos los seres vivos. Porta información exclusiva de cada individuo, aunque similar en individuos relacionados entre sí. Los científicos pueden examinar el ADN de restos humanos antiguos y deducir si existe alguna relación familiar entre cuerpos hallados uno al lado del otro.

alineación
Hilera de objetos colocados de tal modo que estén en línea con algo, como el sol naciente o la luna y las estrellas en momentos específicos del año.

alucinógeno
Que causa sueños o visiones inusuales.

amuleto
ccesorio usado para protegerse de espíritus malignos.

anfiteatro

Espacio semicircular utilizado para representaciones públicas, rodeado por filas de asientos, inventado por los antiguos griegos.

anglosajón
Perteneciente al periodo de la historia de Inglaterra, de fines del Imperio romano (4 hasta la invasión de los normandos (1066)

arqueología
Estudio del pasado mediante un cuidadoso análisis y examen científico de restos materiales, realizado por arqueólogos.

asentamiento
Lugar donde un grupo de personas convive por un periodo prolongado. Granjas, aldeas, pueblos, ciudades y palacios son asentamientos.

aztecas
Pueblo dominante en México, del siglo XII al XVI.

casco
Parte principal del cuerpo de un barco.

cazador-recolector
Miembro de una pequeña comunidad nómada que vive de la caza, la pesca y la recolección de alimentos silvestres como miel, nueces y bayas.

celestial
Relativo al cielo.

cimientos
Capa de apoyo de piedra o ladrillo sobre la cual se construyen estructuras. Con frecuencia los restos de los cimientos duran más que los edificios.

ciudadela
Fortificación defensiva muy alta para proteger a una ciudad contra ataques.

civilización
Cultura o sociedad sumamente avanzada.

comercio
Compra y venta.

conquista normanda
Conquista de Inglaterra por los normandos, encabezados por el rey Guillermo I, en 1066.

Cruzadas
Expediciones militares dirigidas por cristianos europeos para recuperar Jerusalén, en manos de los musulmanes, entre los siglos XI y XIII.

d.C.
Después de Cristo, o en nuestra era.

datación de carbono
Método científico para fechar un objeto orgánico como una madera, otros vestigios vegetales o restos humanos.

Edad de Bronce

La segunda etapa de una clasificación en tres etapas de la época prehistórica, en la que se comenzó a utilizar bronce en la elaboración de armas y herramientas. En Europa esto sucedió entre 3000 y 800 a.C.

Edad de Hierro

Tercer periodo de la clasificación de la prehistoria, cuando se empezó a usar hierro para elaborar herramientas y armas. En Europa esto sucedió de 800 a.C. hasta comienzos del periodo romano (100 a.C.).

Edad de Piedra

El primero (y más antiguo) periodo de las tres clasificaciones de la prehistoria, cuando la piedra era utilizada en herramientas y armas. Periodo muy largo que se remonta a los orígenes de la humanidad. En Europa terminó después de 3000 a.C., al iniciarse la Edad de Bronce.

estratos

Capas de materiales dejados por personas en sucesivas épocas de la historia y la prehistoria. El estudio de esos diversos niveles de materiales ayuda a los arqueólogos a fechar los objetos que encuentran.

excavación

Proceso de exploración de un sitio en busca de pruebas arqueológicas.

faraón

Gobernante del antiguo Egipto.

fertilidad

Cuando se refiere a la tierra, plantas o cultivos, capacidad de producción de abundantes cosechas.

fortificaciones

Estructuras defensivas, como murallas y fosos, erigidas para proteger una ciudad contra ataques.

fosa

Zanja larga y estrecha. Los arqueólogos suelen cavarlas durante sus excavaciones. Con el nombre de "trincheras", también fueron distintivas de los campos de batalla de la I Guerra Mundial, en la que sirvieron a los soldados como refugio y lugar de combate.

fotografía aérea

Método para el estudio de un lugar por medio de fotografías tomadas desde el aire.

fragmento

Parte pequeña de un objeto mayor.

fresco

Pintura mural.

friso

Tira decorativa pintada o esculpida a lo largo del extremo superior de una pared.

funerario

Relativo a un entierro.

geofísica

Estudio de las propiedades físicas de la Tierra. La geofísica puede ayudar a los arqueólogos a determinar la ubicación de estructuras subterráneas.

Imperio

Grupo de países gobernados por otro país y sus dirigentes.

Incas

Pueblos de la región central de los Andes en América del Sur cuyo imperio alcanzó su apogeo en el siglo XV.

indígenas americanos

Antiguos pobladores de América y sus descendientes, en oposición a los colonizadores llegados de Europa, del siglo XV en adelante.

jeroglíficos

Pictografía inventada por los antiguos egipcios.

leyenda

Relato tradicional que no necesariamente tiene base firme en hechos históricos.

más allá

Vida eterna después de la muerte. La mayoría de las religiones y culturas cree en alguna forma del más allá.

maya

Relativo a la civilización y pueblo que ocupó el sureste de México entre 300 y 900 d.C.

medieval
relativo a la Edad Media de la historia europea, de los siglos V a XV.

megalito
Enorme monumento prehistórico de piedra del norte de Europa.

metrópolis
Ciudad muy grande.

mezquita
Lugar de culto de los pueblos musulmanes.

mito
Leyenda o historia tradicional, a menudo relacionada con dioses y diosas u otros seres sobrenaturales y por lo general de gran importancia cultural para la sociedad a la que pertenece.

momia
Cadáver humano preservado, ya sea delibera (como en el antiguo Egipto) o accidentalmente, por causas naturales.

montículo sepulcral
Acumulación de tierra o piedras que contiene cadáveres.

murallas
Límites defensivos elevados en torno a una instrucción o ciudad fortificada.

nómada
Miembro de una comunidad que se desplaza de un lugar a otro sin sede permanente.

pasillo sepulcral
Pasillo por el que se llega a una tumba. Fueron comunes en el norte de Europa alrededor de 3000 a.C.

paleolítico
Relativo a la antigua Edad de Piedra, amplio periodo transcurrido desde hace 2,5 millones de años, en el que se elaboraron los primeros utensilios, hasta 13000 a.C.

pedernal
Piedra dura que se usó para elaborar herramientas y armas prehistóricas.

pinturas rupestres
Imágenes pintadas o grabadas en paredes de cuevas por pueblos prehistóricos.

pirámide
Monumento de base cuadrada y cima puntiaguda. Las más famosas son las tumbas del antiguo Egipto.

prehistoria
Tiempo anterior a la aparición de registros escritos. Este periodo varía en el mundo entero a causa de que en cada cultura la escritura se desarrolló en un momento distinto.

quilla
Base de madera o metal de un barco; la parte que está bajo la superficie del agua.

radar
Apartado para buscar objetos mediante la emisión de ondas y el análisis de su eco.

radiactividad
Energía generada por la desintegración de átomos (partículas diminutas de las que están hechas todas las sustancias) a lo largo del tiempo.

rayos X
Tipo de radiación utilizada para revelar cosas ocultas bajo otras, como los huesos del cuerpo de una persona o una momia dentro de un féretro de piedra.

réplica
Copia de un objeto.

ritual
Acción formal (frecuentemente religiosa) realizada de modo solemne.

sacrificio
Asesinato de un animal o persona para darlo como ofrenda a un poder superior o dios.

santuario
Lugar apartado, especial para honrar a una persona o dios.

sumerio
Relativo a la antigua civilización mesopotámica de Sumeria, la cual empezó a desarrollarse en 3000 a.C., y su pueblo. Ur fue una de sus ciudades-estado.

terracota
Barro horneado de uso frecuente en la elaboración de figuras decorativas, cerámica y esculturas.

transmisión de imágenes vía satélite
Uso de la tecnología de satélites para obtener vistas de yacimientos arqueológicos. Las imágenes de satélites suelen exhibir patrones de estructuras subterráneas.

turba
Combustible formado de residuos vegetales acumulados en pantanos.

urbano
Relativo a una ciudad.

vikingos
Guerreros escandinavos que invadieron Europa entre los siglos VIII y XI.

zigurat
Pirámide escalonada propia del paisaje urbano de la antigua Mesopotamia.

Índice

Agradecimientos

La editorial agradece a las personas e instituciones que aparecen a continuación la autorización para reproducir su material. Se han tomado todas las precauciones para identificar a los titulares de los derechos de autor. Sin embargo, si hubiera omisiones o errores involuntarios a este respecto, nos disculpamos de antemano; en caso de ser informados, intentaremos hacer correcciones en ediciones futuras.

Clave: *ab* = abajo, *c* = centro, *i* = izquierda, *d* = derecha, *a* - arriba

Cubierta *l* Art Archive; *c* Art Archive; *d* Art Archive; cubierta *fondo* Getty; 1 Corbis; 2–3 Corbis 4–5 Corbis; 7 Getty; 8 *a* Pitt Rivers Museum, Oxford; 8 Corbis; 9*t* AKG, Londres; 10–11 Corbis; 12 *a* Science Photo Library (SPL); 12 *ab* Art Archive; 12–13 Skyscan; 13 *abd* Art Archive; 14 *c* Art Archive; 14 *abi* Corbis; 14–15 Art Archive; 15*a* Corbis; 15 *ab* Art Archive; 16 *a* Art Archive; 17 *a* British Museum; 18 *ai* Corbis; 18 *abi* National Geographic Image Collection; 19 *a* Getty News; 19 *ab* Rex Features; 19 *d* Corbis; 20–21*a* Corbis; 20 *abi* SPL; 21 *a* Corbis; 21 *abi* David Ford; 22 *c* British Museum; 23 *a* British Museum; 24 *ai* Art Archive; 24 *abi* Corbis; 25 *ad* Corbis; 25 *ab* Corbis; 26 *ai* Art Archive; 26 *c* Art Archive; 28 *ai* Art Archive; 28 *abi* Corbis; 28–29 Art Archive; 29 *a* Michael Fox; 29 *ab* Alamy; 30–31 Corbis; 31*c* Hulton Getty; 31*a* Art Archive; 32 *ai* British Museum; 32 *abi* British Museum; 34 *ai* Bridgeman Art Library; 34 *cd* British Museum; 34 *abi* Corbis; 35 Corbis; 36–37 Art Archive; 36 *abd* Corbis; 37 *ad* Corbis; 37*abd* Getty; 38 *ai* Alamy; 38–39 Art Archive; 39 *ab* Art Archive; 40 *ai* Art Archive; 40 *cd* NGIC; 40 *ab* Corbis; 41 *ad* Corbis; 41*ab* Corbis; 42*ai* AKG, London; 42*ab* AKG, London; 43*i*Corbis; 43*ad* Corbis; 43*abd* Corbis; 44*l* Corbis; 44–45 Corbis; 45*ad* Corbis; 46*ad* Werner Foreman Archive; 47*ad* Corbis; 48*ad* Werner Foreman Archive; 48*ab* Art Archive; 49*l* Art Archive; 49*ad* Corbis; 50*ai* Scala; 50*cd* Art Archive; 51*ad* David Hiser/Aspen Photographers; 52*ai*The Mary Rose Trust; 52*abi*The Mary Rose Trust; 52–53 Art Archive; 53*ad* Corbis; 54*ai* Art Archive; 54*abi* Corbis; 54–55 Corbis; 55*ad* Corbis; 55*ci* Corbis; 55*abd* Corbis; 58*ci*Art Archive; 59*abd*Corbis; 60*ab* Corbis; 62–63 Corbis; 64 Corbis

La editorial agradece el trabajo de los siguientes ilustradores:
Roger Hutchins 31; Steve Weston (Linden Artists) 8–9, 11, 16–17, 26–27, 32–33, 36, 46–47, 50–51, 56–57.

El autor agradece a Catherine el cuidado y empeño puestos en la edición del texto; y a Pete, el diseño. Sin olvidar a Gill, que encomendó la obra en primera instancia.

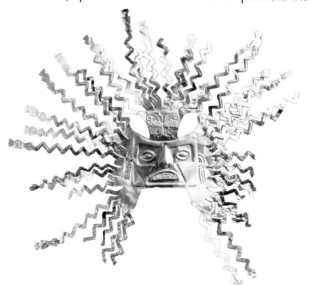